MASTER'S PROJECT
PROLEGOMENA
SUMMIT
2022

編著：修士設計プロレゴメナサミット実行委員会

あいさつ

　2015年より京都で毎年開催されてきた「修士設計コンセプトマッチ」は、2019年「修士設計プロレゴメナサミット」と改称し、全国の大学院生がアクセスしやすい名古屋に場所を移すこととなりました。その後はコロナ禍中で延期を余儀なくされていましたが、2022年11月ようやく対面での再開となりました。

　このイベントは学生建築設計競技や建築設計課題賞というような評価表彰を目的とするものではありません。大学院修士設計（プロジェクト型修士論文）において、研究を基盤とした設計コンセプトが固まりつつある時期に所属大学院の枠を越えたところで自らの研究を振り返りつつ、設計への展望をプレゼンし、講評をうけて議論をする場が設けられているというものです。ですから就活や経歴へのアドバンテージを求めるわけでもなく、ややもすればそれまでの自身の構想が崩れてしまうリスクもある中で、勇気と熱意をもった学生達が臨んでくれたのだと思います。しかし、これだけの豪華な講師陣から学生最後の設計エスキスを受けることができる贅沢な時間、加えて他大学の学生とのつながる機会はかけがえの無い事です。終盤の円陣を組んでの総評の時間に講師陣から共通して語られたのは設計への熱情の大事さでした。マスク越しでしたが会場には真剣な眼差しと本気が張っているのがわかりました。

　ここには当日の記録だけでなく、修士設計完成版データも掲載しています。それぞれの大学院に戻った後の進展と合わせてみるとまた興味深いものとなっています。この記録本が修士設計に挑んだ元学生達へ、これから挑もうとする学生達へのエールとなることを願っています。

　最後となりましたが、御協賛いただきました小池商事株式会社様、御協賛に加えて記録本発行をお引き受けいただきました株式会社総合資格様に心より御礼申し上げます。

修士設計プロレゴメナサミット2022　実行委員長

加茂 紀和子

目次

MASTER'S PROJECT
PROLEGOMENA SUMMIT　開催概要

主催　　　一般社団法人 日本建築設計学会

共催　　　名古屋工業大学

協賛　　　小池商事 株式会社、株式会社 総合資格

協力　　　NAGOYA Archi Fes 2023

運営　　　実行委員長：加茂紀和子

　　　　　アドバイザー：竹山聖・遠藤秀平・宇野求

　　　　　委員：藤村龍至（関東）

　　　　　　　　宮本佳明（関西）

　　　　　　　　北川啓介・近藤哲雄（中部）

　　　　　コーディネーター：陳曄（中部エリアの委員も兼任）

　　　　　学生実行委員：名古屋工業大学・大同大学 学生有志 ──────

■発表対象

現在取り組んでいる修士設計について、特に研究目的、テーマ、今後の展望について各学生より発表を行う。なお、修士論文でも創造的・構築的であれば対象とする。

■発表方式

修士設計または修士論文の内容をまとめた各作品のポスターセッション（講師巡回）後、複数のグループディスカッションを行う。

講師　　　光嶋裕介（神戸大学）　　　　藤村龍至（東京藝術大学）

　　　　　曽我部昌史（神奈川大学）　　宮本佳明（早稲田大学）

　　　　　田井幹夫（静岡理工科大学）　米澤隆（大同大学）

　　　　　福屋粧子（東北工業大学）

スケジュール　　2022年11月5日（土）@名古屋工業大学 NITech Hall

　　　　　　　　12：30‐12：45　開会の挨拶

　　　　　　　　12：45‐15：30　ポスターセッション

　　　　　　　　16：00‐17：45　ディスカッション

　　　　　　　　17：45‐17：50　閉会の挨拶

参加大学大学院　　東海圏　　　　静岡文化芸術大学大学院・静岡理工科大学大学院・大同大学大学院・名古屋工業大学大学院

　　　　　　　　　関東・東北　　神奈川大学大学院・東北工業大学大学院・武蔵野美術大学大学院・早稲田大学大学院

　　　　　　　　　関西・九州　　神戸大学大学院

名古屋工業大学 学生有志

田尻翔梧

武藤玄樹

坂本悠

桂川岳大

中野葵

小川岬輝

神山歩

南谷篤

大同大学 学生有志

鈴木彩良

LECTURER

光嶋 裕介
Yusuke Koushima

1979	ニュージャージー州（アメリカ合衆国）
2004	早稲田大学大学院修士課程修了
	ザウアブルッフ・ハットン・
	アーキテクツ（ベルリン）勤務
2008	帰国して光嶋裕介建築設計事務所設立
2012	首都大学（現、東京都立大学）助教
2015	神戸大学客員准教授
2021	同大学特命准教授

曽我部 昌史
Masahi Sogabe

1962	福岡県生まれ
1988	東京工業大学大学院修士課程修了
	伊東豊雄建築設計事務所入所
1994	ソガベアトリエ設立
1995	みかんぐみ共同設立
2001	東京藝術大学助教授
2006	神奈川大学教授

田井 幹夫

Mikio Tai

1968	東京都生まれ
1990	石原計画設計入所
1992	横浜国立大学卒業
	ベルラーヘ・インスティテュート・
	アムステルダム（オランダ）在籍
1994	内藤廣建築設計事務所入所
1999	アーキテクト・カフェ
	（建築設計事務所）主宰
2004	有限会社 アーキテクトカフェ・
	田井幹夫建築設計事務所設立
2012	台湾東海大学客員准教授
2018	静岡理工科大学准教授

福屋 粧子

Shoko Fukuya

1971	東京都生まれ
1994	東京大学工学部反応化学科卒業
1996	同大学工学部建築学科卒業
1998	同大学大学院修士課程修了
1999	妹島和世＋西沢立衛 /SANAA 入所
2005	福屋粧子建築設計事務所設立
2012	AL建築設計事務所共同設立
2015	東北工業大学准教授
2022	同大学教授

藤村 龍至
Ryuji Fujimura

1976	東京都生まれ
2005	藤村龍至建築設計事務所 （現、RFA）設立
2008	東京工業大学大学院博士課程 単位取得退学
2010	東洋大学専任講師
2016	東京藝術大学准教授
2017	アーバンデザインセンター大宮 （UDCO）ディレクター

宮本 佳明
Katsuhiro Miyamoto

1961	兵庫県生まれ
1987	東京大学大学院修士課程修了
1988	アトリエ第5建築界 （現、宮本佳明建築設計事務所）設立
1995	大阪芸術大学建築学科専任講師
1999	同大学建築学科助教授
2005	同大学環境デザイン学科准教授
2008	大阪市立大学大学院教授
2021	早稲田大学教授 大阪市立大学名誉教授

米澤 隆
Takashi Yonezawa

1982	京都府生まれ
2005	米澤隆建築設計事務所設立
2014	名古屋工業大学大学院博士課程修了
2016	大同大学専任講師
2021	同大学准教授

DISCUSSION

Group A

講師
田井幹夫
米澤隆

A-1　古内一成
A-2　小山田陽太
A-4　林淳平
A-5　鈴木碧衣

アドバイザー
宇野求

Group A 講師 田井幹夫／米澤隆　アドバイザー　宇野求

A-1 古内一成

cave and fog
色彩とシークエンス

古内: なぜ色を選んだかというと、建築が多く出てくる面に対する色としてのアプローチが少なかったからで、自分なりの論理をつくっていきたいと思っています。

宇野: ヨーロッパでいろいろなものを見ているうちに、今の日本の建築は色彩が足りないと思ったのですか?

古内: 東京などを歩いていると、商業ベースの看板の色で溢れており、ヨーロッパで体験したものとは異なりました。

田井: 私は、色というのは恣意的なものであり、どのようにしたいから、どの色を選んだかが強く出るものだと考えています。しかし、建築空間の色は褪せることもあって儚く感じるため、見たままの色をそのまま信じられない気持ちが私の中にあります。だから、色は素材がもともと持っているものであると考えています。ただ、素材と空間をなるべく一体化させたいと強く思っていますが、古内さんは、そのあたりをどう考えていますか?

古内: それがデザインすることではないかと思います。経年変化などにより、色を操作できない木に魅力を感じるのはもちろんありますが、決定するというプロセスが設計には重要だと思っています。そこも何か語れたらとは思っています。

田井: おそらくそれが難しいところでしょうね。ある意味、建築は他人のお金でつくっているところがあるので、その人とイメージを共有しなくてはいけない。つまり、共有項のようなものを求めているとも言えるわけです。だから、共有を求める時に、色という対象が共有項としてあり得るかどうかを検証しているんですね。

A-2 小山田陽太

形態的抑揚による
シークエンスの研究及び設計

小山田: 先程の話に関連しますが、色について興味深かったのが、山本理顕さんが設計した横須賀美術館です。展示室は色温度が高いオレンジ色の空間ですが、屋上へ上がり水に囲まれた空間を通った瞬間、一気に青い空間が現れたのです。

宇野: 色についてはシークエンスを体験する時のプロセスであり、部屋にもよるのだろうけれど、多少暖色系の光に敏感なものを使っていて、屋上に上る時にそういうロケーションだからこそ、ブルーを基調としたものを使ったのだと思います。理顕さんは色を使いませんから。

田井: 照明の色ということですか?

小山田: 展示室の黄色のイメージは照明だと思い

ます。その下が黄色い感じで、上に上る際は螺旋階段かエレベーターになります。

田井：ホワイトアウトしていますよね。

小山田：狭い空間を通る瞬間だけ、一気に青い空間が広がりました。おそらく海と空の青などが反射しているようで、とても印象に残りました。

宇野：それから、寸法はとても大切です。ルイス・カーンは、建築というものを、数値化できない世界を見て、寸法、大きさ、軽さ、お金の全部を実務上計量し、その設計プロセスを経て、もう一度数値化できない世界に投げ込むことだという言い方をしました。人間の尺度を入れたのは、ルネサンスやル・コルビュジエだけれど、小山田さんの設計の中に人間の尺度が入ってくると、もう少しそのあたりの論考が建築に近づくと思います。今あるものを記述しただけでは、そこで止まってしまう。それをもとに何か新しいリズムかフレーズをつくり、ちょっと違うことを組み合わせるなど、いろいろ考えないと建築にまではなかなか至らないと思います。

田井：ちなみに、このテーマは研究室で決められたものですか？

小山田：テーマは自由だったので研究室の縛りはありません。また、論文はなく設計のみです。シークエンスとしては、自由学園（設計：フランク・ロイド・ライト）が印象的でした。ホールとカフェ、中央の食堂の周りについている狭い通路というか、ホールに向かう間に一度、頭をぶつけるくらいまで身体を押し込まれる空間を体験し、その後に食堂を通ると、一気に空間の広がりを体験できる。ホールに直で入ると感じられないような、一度狭い空間に入って一気に広がるという体験がとても印象的でした。

宇野：そういうことを描いているのですね。これは音楽を作曲するようなもので、あなたが作曲家あるいは演奏家だとすると、ある種の情感を伝えようとするために、もう少し定性的なテーマを入れたほうがうまくいくように思います。頭をぶつけそうなという具体的な体験が念頭にあって、ここに至っているように聞こえましたが、モノの世界には光や色などいろいろあるから一番いいのがどれなのかはわかりませんが、抽象と具象の間を行き来するのが建築の設計だと思います。日本の大学は、抽象的にすることばかり教えるけれど、具体的なほうへ跳ね返しながら、互いにキャッチボールするよう意識するといい。とてもいい建築をサンプルにして取り組んでいるので、そこから学ぶことは多いと思います。だけど、下手でもいいから、自分が演奏したい曲を考えることも大切。いろいろな名句、フレーズをあちこちから持ってきて組み合わせたとしても、おおもとにある自分が一番好きなものや、やってみたいことがあれば、勉強の意欲が一気に上がると思います。自分が一番大切にしているものは何ですか？

小山田：今は設計を勉強としてやっているところがあります。本当に取り扱いたいテーマは別にあり、設計する時に僕が面白いと思うのはアイロニカルな建築です。

宇野：例えば、どういう建築が好きなのですか？

小山田：例えば青木淳さんの建築です。それ自体

がアイロニカルというより、言葉や建築のマテリアルの取り扱いが、相当アイロニカルな態度をしているように感じます。

宇野：もしアイロニーという言葉を使うのなら、青木さんの師匠である磯崎新さんですね。青木さんは非常に素直な人で、つくるのが大好きで映画が好き。映画はイントロがとても大切です。伏線を張りながら組み立てていく。バラバラな映像を編集しながら組み立てていく。その感覚を自分の設計に取り入れられないかと思い、住宅でいくつか練習したことがあります。それがアイロニカルに見えるのかもしれない。正面から機能主義の正しいきちんとした建築の構成と、無計画なものを上手くまとめるのではなく、オリジナリティーとクリエイティビティーを入れたいという思いが強くあるのです。

田井：磯崎さんは、アイロニーというかマニエリスティックというか、少し意味をシフトさせたりずらしたりします。一方で青木さんはおそらくモダニストというか、建築の概念を新しくすることに義務感を感じているのではないかな。磯崎さんがポストモダンの表現として、クロード・ニコラ・ルドゥーやエティエンヌ・ルイ・ブーレーが試みたようなことを80年代にやりましたよね。それらの一環として、青木さんはコルビュジエのプロムナードを動線体として表現した。自分なりの言葉に置き換えているのだと思います。だから青木さんは、軸はモダニズムの上に乗っているけれど、自分なりの表現にこだわっている。それから、建築はとても知的な世界で、頭で考えさせる部分も大きいけれど、それが日本的ではないと私は考えています。もっと身体で感じたり言葉を空間化したり、そういうことで生きてきた民族でもあるので、そこにずれが生じ始めているように思います。今後、21世紀の日本人の建築家は、もっと感覚的な部分が強くなってくるような気がします。

小山田：学生が感覚などを立脚点にして設計するのは、正直、無理があると思います。その点でもっと表現の領域で面白いことがないかと、磯崎さんやレム・コールハースなどの建築が好きで見てはいます。磯崎さんの言葉は難し過ぎて何を言っているのかわかりません。

田井：言葉が先に行くからね。

小山田：建物を見ても、磯崎さんの中に入り込めないというか、その境地にまだたどり着けていません。

A-4 林淳平

空間から人間へのトポス
—暮らしの豊かさを求める、
人為的連想空間の探求—

田井：論文をもとに建築をつくっているけれど、論文の中でオノマトペを扱うのは非常に難しい。空間とオノマトペは繋がらない。繋がるように研究する人はいるけれど、形がぼやけてしまう。そういう意味では、林さんはしっかり設計して自分の中で一つの根拠をつくろうとしているんですよね。そういう意味で受け取ると、納得できる部分もあるけれど、なぜ言葉から取り組もうとしたのですか？

林：空間からの言葉があり、それを解釈して空間化する提案です。自分の興味や関心として「洞窟」がありました。学部の時から、どういったビルディングタイプの設計でも、どうにか洞窟のような空間を目指し、それで先生に見せることをひたすら繰り返していました。このテーマに入る前に、一応リサーチなどはしていました。空間の有機的なところに縛られている感じがあったため、それを解消しようと修士1年の時に新建築のデータから、現在の建築家にとって「有機的」が何を指し

ているか、どういう時に使っているかを調べ、歴史の中で「有機的建築」を述べている発言や発言者のリサーチを行いました。その結果、自分がやりたいことの根拠立てのために「有機的」を用いていたのですが、建築とは相容れないものだとわかりました。「有機的」について調べたことは、修士設計において、おそらく数量的な根拠ではないけれど、その前段がきちんとあり、それをもとに設計ができたと思います。でも、どうにも自分の中で惹かれなくなってしまったのです。そこで、自分のやりたいことが何かを考えていた時に思い出したのが、いろいろな洞窟や建築といった空間を体験している時に、自分の感覚がするすると自然体になっていったことです。楽しいとか、そういう軽い話ではないけれど、自然と笑顔になって歩いている。その場面は言葉にはなっていませんが、それがどういう時なのかを思い出し、それを言語化してみようと考えました。それで、オノマトペが出てきたのですが、学校の友人とはプロセスが異なるうえ、先輩たちがやっている設計とも違う。ただ、自分が好きなことを最大限できるのは今回が最後だと思ったので、なぜ自分がこれを好きなのか、どうやったらそれが説明できるのか、どう生かすかを探すためにもこのテーマに取り組んでいます。そのため、探り探り進めています。

宇野：そういうアプローチはとてもいいと思います。でも、少しずつでも何かを穿つように進んでいく感じが欲しい。今は一番何を乗り越えたらいいのか、どこに一番難しさを感じていますか？

林：言葉の意識共有というか。自分が思っていることをどう伝えるかが一番課題だと思います。

宇野：設計課題の中では「君が好きなら思うがままやれば」と言

われることも多いだろうけれど、実務を多く経験した先生たちにとっては、自分自身だけがいいと思う理屈だけでは納得が得られません。恣意的なことの説明、あるいは客観性を非常に重視する実務社会でのあり方を、皆さんに少しは伝えておいたほうがいいと考える先生方もいる。一方で私は、好きなようにやったほうがいいと思う。ただ、先ほどの「自分の好きなことができるのは今回（修士設計）が最後」というのが気になる。どういう意味ですか？

林：事務所など、いろいろなインターンに行くと、必ず相手がいます。その条件の中で理想的な建築を試行錯誤するのが醍醐味ではあるけれど、自分の興味や関心事を最大限に考えることができるのは修士設計が最後だと考えています。

宇野：それは議論のテーマがあると思います。設

計を依頼されるというのは、医者に対して患者がいるのと同じで、クライアントが実際にいます。クライアントは、ささやかな部屋でも少しデザインしたことで、ものすごく幸せになってくれる人もいるわけです。それはある意味で、喜びの設計をしているということ。今ここにないものを絵として描き、図にして計算すると、本当にできてしまう。でも、自分が満足するだけではなく、自分がいいと思ったことで喜んでくれる人がこれほどいると思うと、また元気になれる。是非そういう体験をしてください。これが最後なんて言わず、自分のやり方を小さい事務所でいいから、頑固に自分の好きなものをつくって世に出せばいい。施主が少しでもつけばやっていけます。世の中や駅前などをすべて変えてやろうとか、すごく稼いでやろうとか考えると、なかなか厄介だけれど、もし林さんが自分のやりたいことを貫きたいと思うのなら、それをきちんとやっていくべきです。

田井：意外と好きなことはできると思います。法律やお金などの制約は出てくるけれど、それ以外の点で好きなことができなくなることはないと思います。実務的な部分の中で縛られることもあるけれど、それとは関係ないところもある。洞窟のような建築をつくれると思います。実務も捨てたものではないと思います。

米澤：逆に、不自由だからこそ面白い場合もあります。君が好きな洞窟も、地球環境の中で、ある不自由な環境要因から形ができているわけです。自分の中の洞窟に取り組んでいけばいいのではないかな。

宇野：すごい洞窟をつくり、あと10年したら一番有名になっているかもしれません。

A-5 鈴木碧衣

情景を詠む
和歌の作家たちの感受性に
基づいた建築の提案

宇野：和歌という形式のとても短い歌だから、そこから思い描くものは（受け手によって）それぞれ違うかもしれないけれど、それぞれの心に響いてきますよね。建築家は、巨大な建物をつくったとか、みんなが喜ぶ社会施設ができたというのがなくても、ささやかでも小さくても、ほっとさせたり、勇気を与えたり、心を落ち着かせる空間をつくることができるのです。和歌のように建築をつくることができればいいと思う。例えば、紅葉が色づいてくると、多くの人がきれいだと思うけれど、それを和歌として詠むとすれば、そこにはルールがあるわけです。だから、とても不自由です。鈴木さんのやろうとしていることも、非常に不自由なことを最初からやっている。敢えてある種の不自由さを選んでおり、だからこそ強いキャラクターの可能性も出てくるのです。数学的には「組合せ爆発」のように、歌の場合も組み合わせると、無限のバリエーションがある。鈴木さんが並べているものは、直観的に思ったことなのでしょうが、言葉に意味を乗せながら歌にするみたいにうまくつくれるといいですね。そのアイデアを表す戦略や作戦を練って、それを連歌のようにして詠い上げる。そういうテーマや方法論で一つひとつをデザインしてゆくのではなく、それを束ねるという考え方になるのだと思う。

鈴木：私は、百人一首の歌を建築化することを試みています。例えば、衣にツヤを出すために衣を打つことが秋に行われていたのですが、トントントンと打つ規則正しい音が、もの寂しく感じると秋の歌として詠まれています。そういうものを私は形態化してしまったので、少し意味が浅くなってしまったというか、根拠がなくなってしまったと感じていました。私が所属している六角美瑠研

究室では、私が感覚的にやることを肯定してくれたのですが、学内の中間発表では他の先生方からすると、難しいし根拠がないと言われました。

宇野：理屈っぽい人は多いよね。自分なりの根拠があればいいと思います。

田井：一つひとつのものは魅力的だと思います。よくこのような形を出したと思います。それは、言葉から持ってきたのでしょうか、それとも形が先に出てきて言葉を引っつけているのでしょうか？

鈴木：それこそ感覚です。例えばこれは秋の歌で、作者はずっと恋人を待っていて、その待っている時間がとても寂しいことを詠っています。わざと雨に打たれるような空間など、その寂しさのような、感情ではないけれど、そういう感覚に近い空間をつくります。

田井：直接ではなく、言葉から感じたイメージを空間化しているんですね。それをまた言葉に戻したり、繋げたりすると、面白いのではないでしょうか。不思議なアプローチではありますが。

宇野：とてもいいと思います。ただ、日本における建築設計の頭が固過ぎる。20世紀には近代建築に一定の役割があったと思うけれど、あまりに材料のことを考えていない。普段はみんな、スチレンペーパーやスタイロフォームで、ボリュームス

タディとか、おおよその構成まで考えるよう習うと思いますが、それがみんなを不自由にしています。感覚的に材料を決めて実現するにあたり、エンジニアリングを使うかもしれないし、違う方法を使うかもしれないけれど、そういうアレンジがあってもいい。このような案は今後もっと出てくると思います。装飾やオーナメントの話になってくるのではないかな。材料をある程度まで自由に考えられる部分がないと、今の時代で人の気持ちをグリップできないと思う。みんなとても几帳面で、しっかりしたクオリティの高いものをつくっているけれど、日本のゼネコンも建築家も、いまいち少し足りないものがある気がします。時代のせいかもしれませんね。

A group

cave and fog
色彩とシークエンス

PROPOSAL

Abstract

　私は色を現象の中で捉えようと試みた。多くの建築プロジェクトにおいて、色は絵画的な手法で用いられてきた。現象としての色は、装飾や心理学的な効果を狙って塗られた色とは本質的に違うと考える。そうした現象としての色は装飾を超えて、その機能、性質、必要性を語るにふさわしい題材だと感じた。そこで、ドイツの心理学者であるDavid Katz（1884-1953）が提唱した「色の現象的分類」のうちの空間色に着目した。本提案では、色がついた外壁に台場の美しい光を反射させ、光を色彩のボリュームへと変換させている。

　プログラムは既存の台場公園を拡張した線的な公園である。水上バスステーションやお台場海浜公園の管理事務所、スタジオやカフェレストラン、複数の展望デッキなどを複合している。

　内部空間は物々しいコンクリートが剥き出しになっている。マテリアルレスな白く抽象的な空間の方が提案をクリティカルに説明できると感じたが、色が物資化したパースを見て、これしかないと感じた。それと同時に伊東豊雄の『洞窟のイメージ』を思い出した。洞窟の内部性、閉じられた宇宙、洞窟の本質に触れたテキストに共感し作品タイトルも cave and fog にした。

　単純幾何学に壁の反復というシンプルな操作とそれが作り出す豊かな現象は時間を可視化させ、日常の豊かさを顕在化させる。見過ごしている感動的な現象に気が付くきっかけとなるような建築を目指した。

Site

台場公園 第三台場（東京都港区台場一丁目）
東京都港区台場一丁目にある都立の都市公園である。ペリーの黒船来航に備え東京湾上に作られた品川台場の跡地の一つであり1928年7月7日に開園した。東京湾に突き出た公園となっていて、周囲は石垣で囲まれ、その上に土手があり、中央が低い構造になっている。
アクセスの悪さから訪れる人は少なく廃墟化しつつある。本計画地の魅力的な要素として、朝昼夕の太陽光の色の違いがある。朝方は青く、昼は白く、夕方はオレンジ色に連続的に美しく変化する。

古内 一成
Issei Furuuchi

武蔵野美術大学大学院
デザイン専攻 建築コース
菊地宏スタジオ

David Katz (1884-1953)

　　　ドイツの心理学者。カッ
セルの生まれ。ゲッティン
ゲン大学の心理学者G・E・
ミュラーの弟子でその助手。
のちロストック大学教授と
なる。ユダヤ人としてナチ
スによる追放にあう。1937年から晩年までストッ
クホルム大学教授。代表的な実験現象学者と
してゲシュタルト心理学のよき理解者であり、資
料提供者でもあった。『色の現れ方』(1911)にお
いて平面色(スペクトルの色のような実体のない
色)、表面色(物体の表面の色)、空間色(液体の
色)を区別した。『触世界の構造』(1925)では触
の現象を温・冷・圧・痛の要素に分析せずに、あ
りのままの感じを研究した。『飢えと食欲』(1932)、
『人間と動物』(1937)、『ゲシュタルト心理学』
(1943)などの著書により、日本でも早くから知
られている。

色の現象的分類

　　　色の心理的側面に着目し、主観的にどのよう
な状態として色が捉えられるか(mode of color
appearance)を分類したものである。心理的側
面からの分類であるので、物理的に発光してい
なくても光輝になる場合がある。写真に写って
いる電球を見る場合、写真は紙の表面であり発
光しているわけではないにも拘らず、光輝とし
て分類される。逆に、物理的に発光していても、
光輝にならない場合がある。液晶ディスプレイ
に表現された白紙は、光を発しているにも拘ら
ず、表面色として分類される。

Film color	—	定位性や表面のテクスチャをはっきり知覚することができない見え方。色としての属性以外を感じ取ることができない。青空など。
Surface color	—	定位でき、表面のテクスチャをはっきり知覚することができる見え方。日常目にする多くのものがこれである。
Volume color	—	ある体積の中をその色が満たしていると感じられる見え方。ガラス玉やコップに入った色水など。
Luminosity	—	光を放射しているように感じられる見え方。炎や電球、雷など。
Glow	—	物体として認知されるが、その内部が光で満ち溢れているように感じられる見え方。燃えている木炭、溶解している鉄。
Transparent color	—	色としての属性以外を感じ取ることができない色が、背景にかぶっている見え方。色ガラスを通して世界を見る場合の色ガラスの見え方。
Transparent surface color	—	立体的に実質があるように知覚できるが、背景が透過して見える見え方。ガラスに薄く擦り傷がついている場合の傷の見え方。
Mirrored	—	鏡に映った物体の反射像を見るときの鏡の性質を備えた色の現れ方。
Luster	—	物体表面に反射像が見えず部分的な反射光の明るさが、その物体の表面色よりも明るく現れる光沢の色の見え方。

田井 幹夫

私は色というのは恣意的なものだと考えています。さらに、素材がもともと持っているものこそが色であると考えています。そして、素材と空間をなるべく一体化させたいと強く思っています。ある意味、建築は他人のお金でつくっているところがあるので、その人とイメージを共有しなくてはいけない。つまり、共有項のようなものを求めているとも言えるわけです。だから、共有を求める時に、色という対象が共有項としてあり得るかどうかを検証している試みなんですね。

Rainbow Bridge

Daiba Park

Old Breakwater

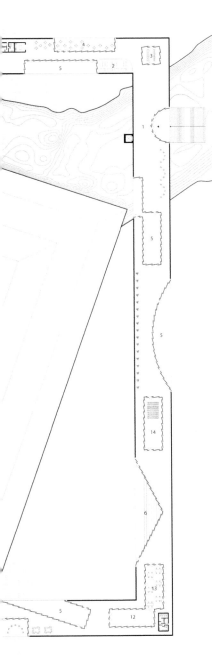

Plot plan and first floor plan

1 Entrance hall

2 Shop

3 Cloakroom

4 Cafe Restaurant

5 Terrace

6 Observation Deck

7 Courtyard

8 Event space

9 Studio

10 Wharf

11 Waiting space

12 Strage

13 Office

14 Event hall

0 2 4   8   16   32(m)

A-A Closs section　S=1:1000

B-B Closs section　S=1:1000

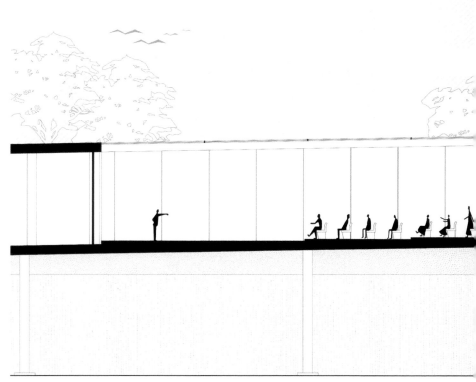

Event hall section　S=1:200

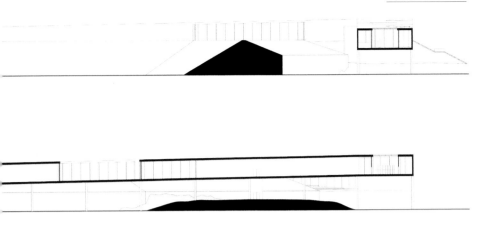

Event hall

形態的抑揚によるシークエンスの研究及び設計

1. 研究背景・目的

現代に見られる建築・都市の多くは、経済的・合理的側面が重視されるあまり、要求された機能の持つボリュームが均質的に並べられ配置されている。そのことに伴い、建築や都市の中での移動は、単調的で変化の乏しいと感じられる空間体験を生んでしまっている。一方で、歩いていて気持ちの良いと感じられる建築や都市での体験の多くには、スケールや明暗などの空間の対比や抑揚による変化が見られ、人の身体に快く感応するシークエンスを持つと考えられる。しかし、そのような人の身体感覚による空間体験は、主観的で曖昧であるが故に具体的な評価方法や検証方法・記述方法などが未だ確立されていない。本研究は、空間体験における形態的変化に着目し、シークエンスを定量的に分析する記述や評価の手法を提案することで設計段階における空間体験を検証する上での知見を得ることとし、その知見をもとに形態的抑揚を効果的に使用した建築の設計提案を行うことを目的とする。

2. シークエンスにおける形態的抑揚

音楽の曲調による抑揚や文学の起承転結で構成される物語の抑揚が、聴き手や読み手の印象に大きく影響を与えるように、建築の空間体験においても形態的抑揚のある空間が、人の身体感覚に大きく影響を与えていると考えられる。移動の中での幅員の変化や天井高の変化、階段による段差の変化や開口部による開—閉具合の変化など様々な抑揚の種類が挙げられる（fig.1）。これらのように空間構成レベルの大枠での変化からスロープや階段の勾配・ルーバーなどといったディテールレベルでの細かな変化が重層的に絡み合いながらシークエンスのリズムをつくりあげており、それら様々な形態的要素の変化による身体的な影響を明らかにし、効果的にシークエンスを構成していくことが重要であると考えられる。

3. 研究対象

出入口から目的の場所に向かうまでの経路において、シークエンスを規定しやすいプログラムとして美術館建築を研究対象に設定する。その中でも、1990年代より生まれた形式である1部屋1作品の美術館について着目する。大空間の中に複数の作品をレイアウトする一般的な美術館に対し、部屋が細かく分節されることで、部屋と部屋の繋がり方に主眼が置かれることや部屋そのものに対しても作品のための特別な空間が用意されることなどといった理由から、部屋の行きの中で形態的抑揚が現れやすいと考えたためである。

今回新建築より抜粋した1部屋1作品の美術館事例（fig.2）は全部で6つあり、その中でも移動距離に対する規模が同程度である地中美術館と十和田市現代美術館を研究対象とする。

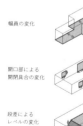

幅員の変化　天井高の変化　開口部による開閉具合の変化　柱・梁によるスパンのリズム　段差によるレベルの変化　スロープによる緩やかなレベルの変化

fig.1　形態的変化の種類

掲載年	作品名	設計者
1994	奈義町現代美術館 奈義町立図書館	磯崎新
2004	地中美術館	安藤忠雄
2006	SSM 菅野美術館	阿部仁史
2008	十和田市現代美術館	西沢立衛
2010	養老昆虫美術館	安藤忠雄
2011	豊島美術館	西沢立衛

fig.2　1部屋1作品の美術館事例（新建築より抜粋）

小山田 陽太
Yota Oyamada

東北工業大学大学院
工学研究科 建築学専攻
福屋粧子研究室

4. 時間軸平面図・断面図の作成

　空間体験のおける形態的変化を定量的に分析するための記述方法として時間軸平面図・断面図を作成する。記述方法については以下のように示す。
①事例の美術館の平面図を参照し、動線を図示する。動線については、廊下や室の中心を通るように設定する。十和田市現代美術館の場合 fig.3 のように設定し、地中美術館の場合 fig.4 のように設定する。

②動線を人の体の中心軸とし、人の移動に伴って現れる平面的情報を時間軸上に記述した時間軸平面図を作成する。また、GLを基軸とし、人の移動に伴って現れてくる断面的情報を時間軸上に記述した時間軸断面図を作成する。
③作成した時間軸平面図・断面図をもとに平面的変化・天井高変化・レベル変化について記述する。
④平面的変化・天井高変化・レベル変化の記述をもとに、形態的変化点スコア表（fig.5）を用いて形態的変化点として時間軸上にプロットし、各建築におけるシークエンスの特徴を形態的抑揚の視点から分析する。例として、平面的変化であれば空間の前後で幅員が狭くなる場合W−、広くなる場合W＋と表記し、断面的変化であれば、空間の前後で天井が低くなる場合H−、高くなる場合H＋と表記する（fig.6）。

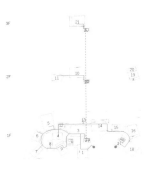

室名
1　エントランスホール
2　階段
3　ロン・ミュエク
4　キム・チャンギョム
5　ハンス・オブ・デ・ビーク
6　トマス・サラセーノ
7　アナ・ラウラ・アラエズ
8　要林城
9　スゥ・ドーホー
10　マリール・ノイデッカー
11　ゲッレ・セートレ
12　企画展示室3
13　企画展示室2
14　企画展示室1
15　バックヤード
16　市民活動スペース
17　カフェ
18　休憩スペース
19　事務室
20　ミーティング室
21　屋上

fig.3　十和田市現代美術館の動線及び室名

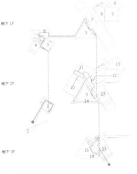

室名
1　エントランス
2　四角コート
3　吹抜
4　オフィス
5　インフォメーション
6　エントランスロビー
7　ロビー
8　機械室
9　理事長室
10　タレル（オープンフィールド）
11　タレル（スカイフィールド）
12　モネスペース
13　カフェ
14　スロープ
15　三角コート
16　前室
17　デ・マリアスペース

fig.4　地中美術館の動線及び室名

		平面的形態変化　（W）				
		狭くなる	変化なし	広くなる	最大（片面）	最大（両面）
断面的形態変化（H）	低くなる変化なし高くなる最大	W− H−	W± H−	W＋ H−	WM/2 H−	WM H−
		W− H±	W± H±	W＋ H±	WM/2 H±	WM H±
		W− H＋	W± H＋	W＋ H＋	WM/2 H＋	WM H＋
	最大	W− HM	W± HM	W＋ HM	WM/2 HM	WM HM

fig.5　形態的変化点スコア表

平面的変化

狭くなる（W−）　変化なし（W±）　広くなる（W＋）　最大片面（WM/2）　最大両面（WM）

断面的変化

低くなる（H−）　変化なし（H±）　高くなる（H＋）　最大（HM）

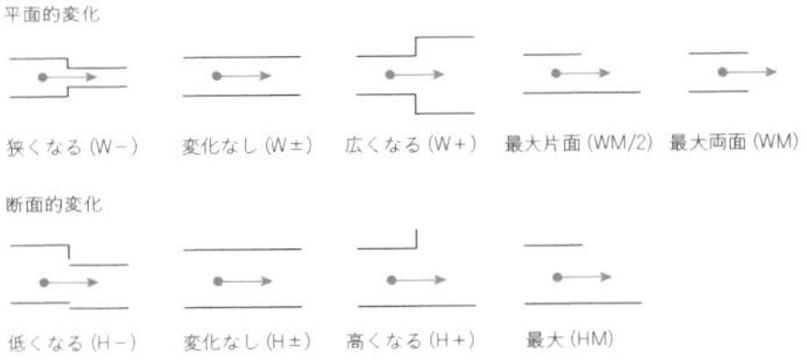

fig.6　形態的変化点の種類

5. シークエンスの評価

十和田市現代美術館の形態的変化点は全部で36個見られた。形態的抑揚の構成は、階段部分を除き、空間体験の大半が、W−H−（開放的な性格をもつガラスの通路）とW＋H＋（各展示空間）が10m前後のスパンで交互に現れるような形態的抑揚の規則性が見られる。他の形態的変化の性格がほとんど見られないことから、大小空間の繰り返しという明快な形態的抑揚を持つが、変化の調子としては一定で抑揚の視点でみるとやや単調的であると言え、このようなシークエンスの特徴を「フラット型」と名付けた（fig.7,9）。

地中美術館の形態的変化点は全部で41個見られた。形態的抑揚の構成は、大きく4つに分けることができる。0−130m区間では、ゆったりと

したリズムで変化が起き、平面的変化はそれほど見られないが、H−とHMを繰り返すような断面的な抑揚が顕著に見られる。130−300m区間では、変化の調子が急激に早まり、6mに1回のリズムで形態的変化が展開して行く。300−350mの区間では、直前までの劇的な変化と対照的で、変化のない閉鎖的空間が続く。350−400m区間では平面・断面共に大きな形態的変化を持った抑揚が見られ、開放的な大空間が待ち受ける。このように、それぞれ異なる形態的変化を持った4種類の抑揚により、起承転結で構成される物語のような詩的で変化に富む空間構成であると言え、このようなシークエンスの特徴を「起承転結型」と名づけた（fig.8,10）。

		平面的形態変化 （W）				
		狭くなる	変化なし	広くなる	最大（片面）	最大（両面）
断面的形態変化（H）	低くなる変化なし↕高くなる	15	2	0	0	0
		1	0	0	0	0
		0	2	15	0	0
	最大	0	0	0	0	1

fig.7 十和田市現代美術館の形態的変化点スコア

		平面的形態変化 （W）				
		狭くなる	変化なし	広くなる	最大（片面）	最大（両面）
断面的形態変化（H）	低くなる変化なし↕高くなる	6	6	2	0	0
		4	0	8	0	0
		0	4	5	0	0
	最大	0	4	2	0	0

fig.8 地中美術館の形態的変化点スコア

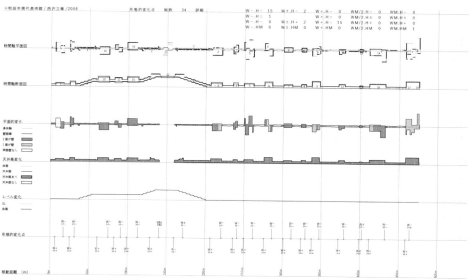

fig.9 十和田市現代美術館の時間軸平面図・断面図

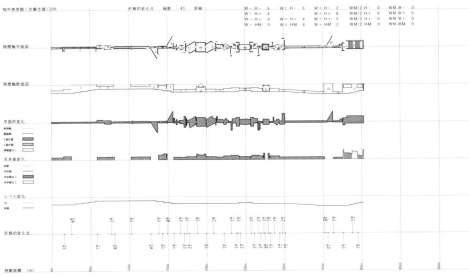

fig.10　地中美術館の時間軸平面図・断面図

宇野 求

「横須賀美術館」という良い建築をサンプルにしているので、そこから学ぶことは多いと思います。ただ、建築を設計するのは音楽を作曲するようなもので、下手でもいいから、自分が演奏したい曲を考えることも大切です。いろいろな名句、フレーズをあちこちから持ってきて組み合わせたとしても、おおもとにある自分が一番好きなものや、やってみたいことがあれば、勉強の意欲が一気に上がると思います。

田井 幹夫

建築はとても知的な世界で、頭で考えさせるものだけれど、それが日本的ではないと私は考えています。もっと身体で感じたり言葉を空間化したり、そういうことで生きてきた民族でもあるので、そこにずれが生じ始めているように思います。今後、21 世紀の日本人の建築家は、もっと感覚的な部分が強くなってくるような気がします。

中間発表　講師コメント

6. 設計

敷地は、宮城県松島町に位置し松島駅から南側に約 3km 離れた半島状の場所である。周辺の 3 方が松島湾に囲まれた島々を一望できるような場所であり、南東側へは太平洋へと続く眺望を持つような場所である。海側に開けていくような開放的な部分と松林に囲まれた閉鎖的な部分を併せ持っており、これら敷地の持つ閉鎖性と開放性は、抑揚を構成していく上での有効な手掛かりになると考えられる (fig.11)。この場所にあるひとりの彫刻家による抽象彫刻を展示するための起承転結型のシークエンスをもつ美術館を設計する。

7. 抑揚構成

美術館内の抑揚は、地中美術館で見られたような、起承転結型の構成を用いる。形態的変点総数は 39、形態的変化点リズムは 0－150m 区間では 17m/ 回、150－340m 区間では、6.5m/ 回 340m－

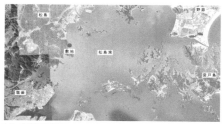

fig.11 敷地周辺俯瞰写真

410m 区間では、17.5m/ 回と設定し、序盤・中盤・終盤で異なるリズムによりシークエンスが展開していくよう抑揚を構成する。

8. 配置計画

① 丘、松林側と海、崖側を分ける地形の縁を中心にニュートラルな波形をつくる。

② 形を序盤（ゆったり）・中盤（急テンポ）・終盤（ゆったり）に分けるように変形させる。

③ 波形によるイメージを動線（順路）に落とし込み、波形の中に抑揚をゾーニングしていく。

④ 自由に巡れるゾーンは、敷地北西側にまとめる。(fig.12)

9. 総括

本研究による成果として、人の身体感覚による空間体験という主観的で曖昧なものを定量的かつ連続的に記述し、可視化することで、形態的抑揚によるシークエンスの評価や理解を拡張できたことが挙げられる。今回は、美術館建築を対象に形態的抑揚による鑑賞空間の効果について検証を行った。結果的にできた建築は、形態的抑揚とその中に置かれる展示作品、抑揚とともに移り変わる風景、それらが有機的に重なり合う体験を生み出し、松島の地に固有の鑑賞体験をつくることができたと考える。

参考文献・図版出典

八束はじめ・多木浩二『ノーテーション / カルトグラフィ（10＋1 No.3LIXIL 出版）』INAXo.1996

『新建築 2004 9 月号』株式会社新建築社 .2004

『新建築 2008 5 月号』株式会社新建築社 .2008

安藤忠雄・二川幸夫『安藤忠雄ディテール集 4－TADAO ANDO DETAILS』2007.ADA エディタトーキョー

『日本建築史図集　新訂第三版』彰国社 .2011

西沢立衛『PLOT04 西沢立衛』ADA エディタトーキョー .2013

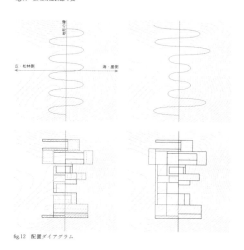

fig.12 配置ダイアグラム

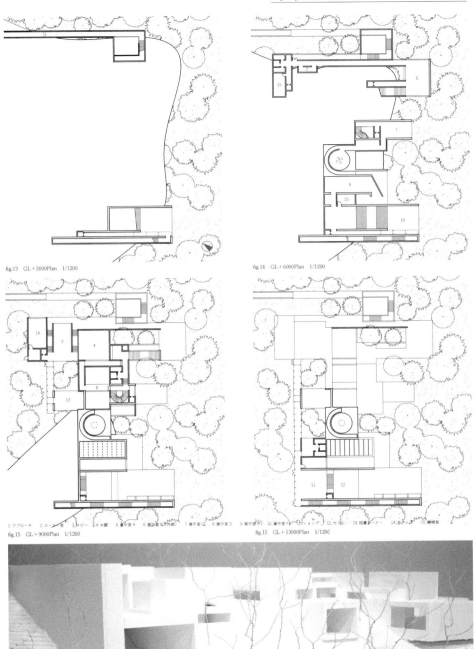

fig.13　GL＋2000Plan　1/1200

fig.14　GL＋6000Plan　1/1200

fig.15　GL＋9000Plan　1/1200

1.アプローチ　2.ロッカー室　3.ロビー　2,4.水盤　5.展示室 A　6.展示室 B(屋外部)　7.展示室 C　8.展示室 D　9.展示室 E　10.展示室 F　11.ショップ　12.カフェ　13.図書コーナー　14.オフィス　15.機械室

fig.15　GL＋13000Plan　1/1200

fig.16　外観模型写真

fig.17　北側立面図　1/700

fig.18　南側立面図　1/700

時間軸平面図・断面図

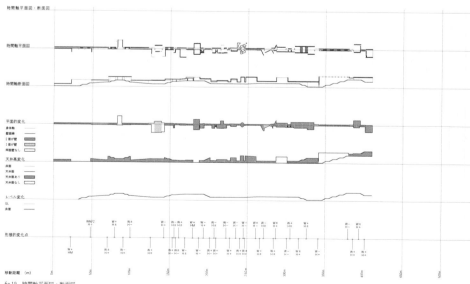

fig.19　時間軸平面図・断面図

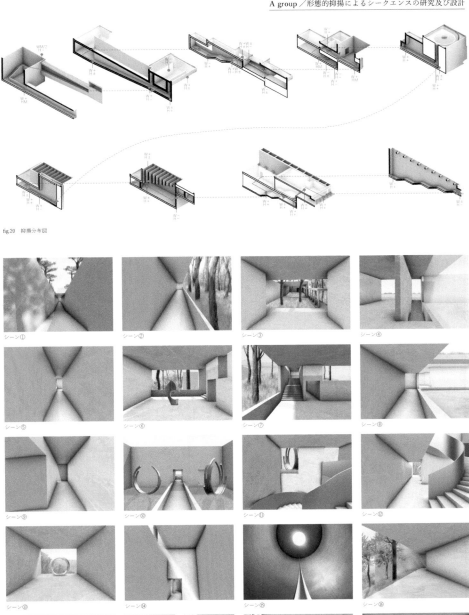

fig.20 抑揚分布図

fig.21 各シーンパース

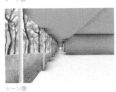

A group

空間から人間へのトポス
―暮らしの豊かさを求める、人為的連想空間の探究―

1、序文

　私はボックスのような均質的な空間ではなく、辺りと融和し歪んだような空間に魅力を感じる。それらの空間は私に想いを連れてくる。からりやひたりと想いが手を伸ばしてくる。伸ばされた手は小気味悪くも優しく私の内側の感覚的な領域まで至る。この場で起きた人の営み、自然の様相、地域の文化や歴史、生き物の活動であったり、そうした文脈とは無関係の想いの場合もある。

　私が空間に浸っているときは、空間の想いをもとにイメージを連想している状態にある。私の精神は、その状態にある時が最も豊かであると気がついた。

　想いを受け取る時の私の感覚に解釈を加え、空間化への手がかりとする。想う空間、人為的な連想空間を探求する。

2、空間化への手法

　前述している「空間の想い」とは、連想するときのきっかけとなるものである。連想とは、ある事柄から得た情報をもとに、他の事柄や概念を思い浮かべることである。つまり、①事柄を認識、②自己の内で情報を解釈、③イメージを想い浮かべる、という3つの段階を踏むことになる。①から②は、事柄から情報を受け取る時の感覚であり、②から③は、解釈した情報が派生することである。この派生の幅次第で、①から③が単一

的であるか（図1）、多面的であるか（図2）が決まる。

　人為的に連想空間を生むには、連想の幅が広い「多面的イメージ」の性質を保持する必要があると考える。

3、空間リサーチ

　歪んだような空間の1つである斜面地に焦点を当て、異なる3つの空間をリサーチした。歴史的空間であり、時間の経過に伴い人の営みの様子と自然が融和する『鎌倉市 朝夷奈切通』。もとある地形と調和しながら人の営みが育まれている『西宮市 目神山町』。人の営みが育まれ、地形が切り拓かれている『横浜市 栄区』の3つである（図3）。

　活用時期や目的の異なりがそれぞれの特徴として見受けられた。住宅地としての合理に従う『栄区』は、より「単一的イメージ」が強い。住宅地としての合理のみではなく、地形に対しても考慮されている『目神山』は「多面的イメージ」も同等に受け取れた。一方、時間の経過とともに人の営みがおぼろになっている『朝夷奈切通』は「多面的イメージ」が強くなる（図4）。

① 鎌倉市 朝夷奈切通し
② 西宮市 目神山町
③ 横浜市 栄区

（図3）リサーチ空間

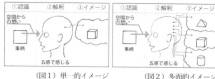

（図1）単一的イメージ　　　（図2）多面的イメージ

林 淳平
Junpei Hayashi

神奈川大学大学院
工学研究科 建築学専攻
曽我部昌史研究室

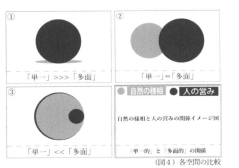

①「単一」>>>「多面」
②「単一」=「多面」
③「単一」<<「多面」

● 自然の様相　● 人の営み

自然の様相と人の営みの関係イメージ図

「単一的」と「多面的」の関係

（図4）各空間の比較

4、朝夷奈切通からのイメージ例

　（図5）は朝夷奈切通の六浦側の切通入り口付近に位置する空間である。上空に高速道路が通り、「単一的イメージ」と「多面的イメージ」が混在する空間となっている。切通の空間から得られる「空間の想い」は**がばり**が空間を覆い、細部に**くぬり**や**そぞり**が伺える。

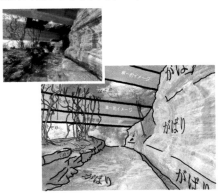

（図5）切り通しの空間イメージ

5、空間からの伝わり方の例

　以下は『朝夷奈切通』以外の、「空間の想い」を受け取る例の一部である。例には、建築の内部空間のみならず、洞窟や街路などの空間も含まれる（図6）。

朝夷奈切通し
がばり　力強さと喪失感

人の手で岩を削り道が作られた。削られた空間から、当時の人の営みが伝わってくる。削り取られた空間から強引にもイメージが伝わる。

五色台展望広場
からり　かろやかさと高揚感

大地と空に挟まれ、周囲に海が眺められる心地よい空間から、風が浮き足立って流れている。その風に合わせて心地よくイメージが広がるように伝わる。

牧野富太郎記念館
ひたり　静けさと清涼感

植物の流麗さをそっと包み込むような大屋根で構成されている。牧野富太郎の生い立ちが植物とともにイメージとして、優しく流れ込んでくるように伝わる。

男木島
くぬり　生温かさと安心感

くねる斜面地に人の営みが積み重なり、建物それぞれが海を向く。この場所特有の住み方と、海と風とアートが混ざる。生暖かい温もりが捲れるように伝わる。

鬼ヶ島大洞窟
そぞり　むずがゆさと臨場感

鍾乳洞とは異なり、人の手で加工されている。大勢の人が少しずつ作り上げているようなイメージから、満遍なくも少しずつ輪郭が見えるように伝わる。

護王神社石室
ほとり　儚さと無常感

山腹から細い隧道を抜け、石室へと至る。暗闇の中に溢れるような陽光が、淡く儚く惹きつけられる。輪郭が淡く広がるように伝わる。

沢田マンション
ぐどり　異質さと重厚感

住空間としてのイメージ以上に、空間が融けたような歪んだイメージに魅力を感じる。異なる事柄が混ざりながら押し寄せるように伝わる。

奈義町現代美術館
ぐわり　粘り強さと空虚感

身体感覚の軸である重力が揺らぎ、あらぬ方向へ引きつけられる。身体と意識が離れた感覚に揺さぶられ、不安と高揚と共に疑問を投げかけられるように伝わる。

（図6）想いを受け取る実際の空間の例

6、スタディ

　人為的な連想空間を計画するにあたり、空間はその地形や素材、特有の文化の影響を受ける。

　目神山町は、地中に花崗岩が多く、造成が効かないことにより、もとある地形を活かした急斜面の住宅地である。

　そのため、地形に沿った曲線で区画が決まり、レベル差を活かした人の営みの場の空間が育まれている。

　この敷地では、目神山町における「急斜面」「花崗岩」「自然とのまちの関係」に注目しながら計画を行う（図7）。

「急斜面：ぐわり」	「自然とまち：からり」	「花崗岩：がばり」
人にとって快適に過ごす場は水平であるべきか。ここでは、急斜面にできたちょっとした居場所も、少し不自由な動線も楽しんでいる様に見える。	ここでは、人の営みも木の葉も水も、緩やかにあたりへ拡がるように見える。受け皿から緩やかに拡がっていくような感覚を想う空間となる。	かつて、大阪城築城の石切場であった。その当時の花崗岩がまちの至るところに見られる。まちの構成の元となる花崗岩は特徴的な居場所を構成する。
言葉の伝わり方	言葉の伝わり方	言葉の伝わり方

（図7）多面的イメージ

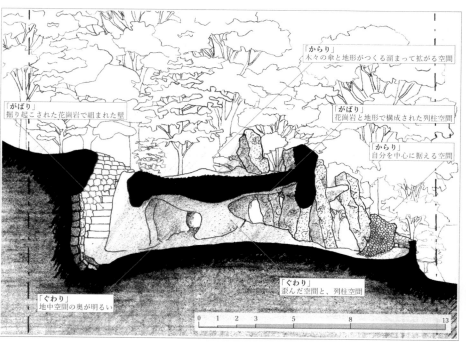

「からり」
木々の傘と地形がつくる溜まって拡がる空間

「がばり」
掘り起こされた花崗岩で組まれた壁

「がばり」
花崗岩と地形で構成された列柱空間

「からり」
自分を中心に据える空間

「ぐわり」
歪んだ空間と、列柱空間

「ぐわり」
地中空間の奥が明るい

0　1　2　3　　　5　　　　8　　　　　　13

断面図

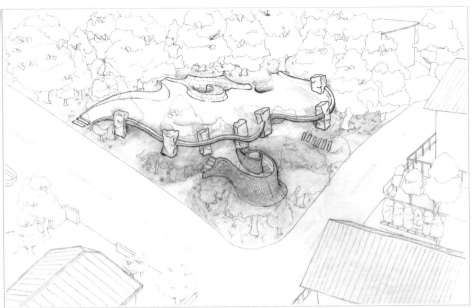

俯瞰イメージ

田井 幹夫

論文をもとに建築をつくっているけれど、論文の中でオノマトペを扱うのは非常に難しい。空間とオノマトペは繋がらない。繋がるように研究する人はいるけれど、形がぼやけてしまう。そういう意味では、林さんはしっかり設計して自分の中での一つの根拠をつくろうとしています。

宇野 求

恣意的なことの説明、あるいは客観性を非常に重視する実務社会でのあり方を、皆さんに少しは伝えておいたほうがいいと考える先生方もいる。一方で私は、自分のやりたいことを貫きたいと思うなら、それをきちんとやっていくべきだと思います。

米澤 隆

実務において条件がたくさんあることで、不自由だからこそ面白い場合もあります。林さんが好きな洞窟も、地球環境の中で、ある不自由なことから形ができているわけです。自分の中の洞窟に取り組んでいけばいいのではないかな。

中間発表 講師コメント

7、空間の想い

（図6）で示した空間の例から、私は「空間の想い」を受け取る。その時の感覚に、**からり**や**ひたり**などの副詞的な言葉を用いている。それらの言葉は、空間と私の連想の間にある状態を示しており、私自身の感覚を言語化したものであるため、主観的な言葉である（図8）。

言語化された「空間の想い」の言葉を、「言葉を表す詩」と「言葉空間の抽象的なイメージ」に展開する（図9）。展開された詩とイメージは、同じ言葉の感覚から構成されており、**からり**は（かろやかさと高揚感）の感覚が含まれている。詩は情景を思い浮かべ、イメージは空間状態を認識する。情景は精神面を、空間状態は身体面の、それぞれの二面から言葉の感覚に結びつくように構成されている。

からり（かろやかさと高揚感）

大地と陽光に包まれる、そこは地表であった。かろやかな起伏が流れを生んだ。空気が少しあたたかい。滑らかに窪む空間に、人の動きが目に浮かぶ。水が溜まるかのように、私の居場所もそこにある。

くぬり（生温かさと安心感）

誰かがこの場にいたのだと、陽光を溜めている。私はそれを分けて欲しかった。人が触れることのできないそれを。せめて少しでも近くへと、私の身体面は惹かれていく。座っていたのか、寝ていたのか。

ほとり（儚さと無常感）

空間が大事そうに、陽光を溜めている。

ぐわり（粘り強さと空虚感）

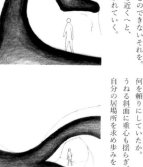

私は何を頼りに歩むのか。不自然にうねる空間は、私の心身を揺らがせる。何を頼りにしていたのか。うねる斜面に重心も揺らぎ、自分の居場所を求め歩みをつづける。

がばり（力強さと喪失感）

ここでは何が起こったのか。水の流れか、人の手か。ここにはもうない出来事は、穿った空間に名残を刻む。名残は確かに出来事を示す。

ひたり（静けさと清涼感）

ゆるやかな起伏に覆われた。静かに包まれた空間は、私が落ち着くまで待つようだ。私は気持ちを抱え込みながら、ゆっくりと佇んでいる。

そぞり（むずがゆさと臨場感）

細やかな集積が、満遍なく少しづつ、全体を形成している。まるで生物かのように空間が蠢いているのだろうか。私を取り囲む。

ぐどり（異質さと重厚感）

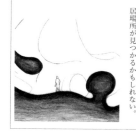

隙間を縫うように入り込んだ。この場所は、私のためでは無いようだ。けれどもここに至るまで、想いを留める場所があった気がする。居場所が見つかる場所があったかもしれない。

（図8）「空間の想い」詩とイメージ

がばり

（万歩きと熟矢）

水の流れか、人の手か。
ここでは何が起こったのか

穿った空間に名残を刻む。
ここにはもうない出来事は、

名残は確かに出来事を示す。
言葉空間の抽象的なイメージ

「空間の想い」の言葉

言葉に含まれる感覚

言葉を表す詩

（図9）「空間の想い」の展開

8、敷地　西宮市目神山町

　敷地（図10）は、花崗岩で地形が形成されて
いる、西宮市目神山町の住宅地の一角である。
急勾配の湾曲した道が織りなす視界や高低差の
ある視線の移動が魅力的である。自然の地形や、
自生する樹木、点在する岩石など、まちの至る
ところにそのままの自然が存在する。

敷地面積　約370㎡

（図10）敷地　西宮市目神山町の一角

9、言葉と空間の特徴

　急勾配の地形が織りなす目神山町では主に、
ぐわりとくぬり が受け取れる。まっすぐ歩くこ
とも困難な道では、休みを求めて居場所を探す。
それぞれの言葉の空間に共通して、人が溜まれ
る**くぬり**の空間が少しずつ溶け込む。周辺の環
境を引き込み、受け止め、溶け合う空間として、
それぞれの言葉が並び合う。

　「空間の想い」に地形や文化、自然の特徴を反
映することで、空間の変化が起こり、空間から
想いを受け取る人為的連想空間となる（図11）。

がばり
花崗岩をうがった細い小道。
花崗岩で構成されたこのまちの歴史
を潜るかのように通り抜ける。

からり
緩やかな起伏が居場所をわける。
伸びやかに広がる、この場所は、人
も自然も受け入れる。

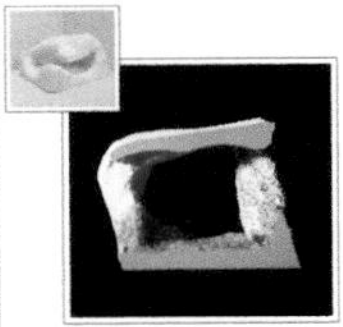

ひたり
大きく迫り出した からり の下に、
花崗岩の列柱が空間を作る。
壁の起伏に腰をかけ、視線は水平に
抜けていく。

くぬり
渦が巻かれた中心に、一人分の場所
が生まれた。
木々の傘にも包まれて、そこは私の
居場所となる。

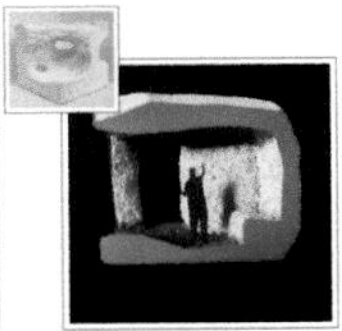

そぞり
地表と連なる土と花崗岩によって構
成されている。
狭い空間のなかに、行く道が複数に
別れる。岩の道と土の道。

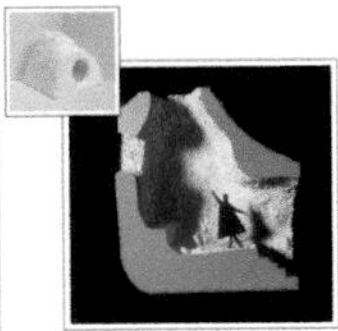

ほとり
そぞりから抜けてきた細い道。壁を
伝って、陽光を貯める。
細く高い道を抜け、空のあかりが目
にとまる。

ぐどり
狭く低い入り口から、大きくたわん
だ空間に至る。
スケールの異なる空間体験に気圧さ
れ、想いにふける。

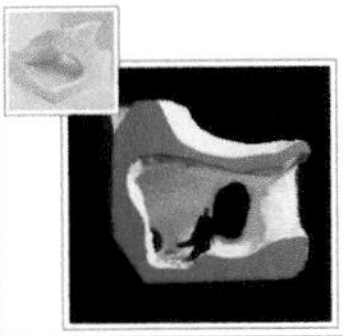

ぐわり
揺らぐ天井と地面にそい、自分の居
場所にふと気づく。
雨が降っていたのだろう。水の小道
をじっと見る。

（図11）目神山町における言葉空間の変化

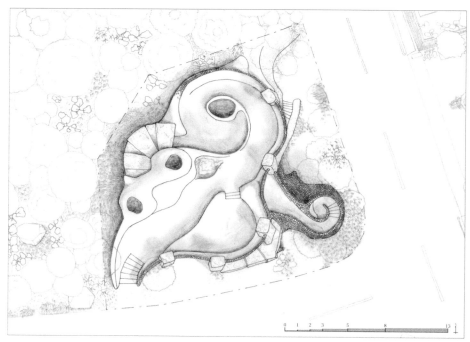

俯瞰平面図　S=1/300

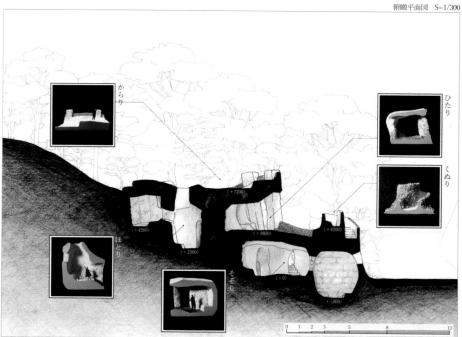

断面図　S=1/300

PROPOSAL

040

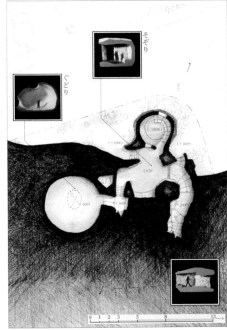

中層平面図　S=1/400

下層平面図　S=1/400

情景を詠む

和歌の作家たちの感受性に基づいた建築の提案

1、はじめに

　現在、急速な技術発展により、私たちは容易に多くの情報を入手することができるようになった。しかしその一方で、様々な物事に対する感覚が鈍くなってきていると感じる。

　百人一首に選出された作家たちの歌では、季節や物事を感じる要素を風景の中から抽出し、自らの心情を重ねている (fig.1)。情報機器が存在しない時代に作られた百人一首は、作家たちのセンシティブな感覚を知るための手がかりになると考える。

　昔から風景は我々に対して強い感情を与えてきた存在である。和歌の作家たちの風景に対する感覚を空間化し、現代の我々と共有することで、固定概念を壊して失われつつある人々の豊かな感覚を取り戻し、既存の環境に対する感覚の享受範囲を広げるためのきっかけとなるだろう。

[fig.1　私たちの世界と百人一首の世界の比較]

2、風景の定義

　上記で述べている風景とは、景観と同義ではない。その相違は知覚水準の違いによって説明されることがある。どちらも私たちが生きる世界の捉え方を指す言葉ではあるが、景観が視覚に限定されるのに対して、風景に含まれている「風」は、木の枝を震わせ、花の香りを運び、皮膚を撫で、時には香草の味覚をもたらす。そうした意味で風景は、人間の五感全てによって体得される世界の捉え方であると定義する。

3、百人一首から構築される風景

　隣りに来る歌どうしが上下左右に何らかの共通語をふくみ合う形で結び合わされ、タテ10首、ヨコ10首の枠内に並べることが出来る (fig.2) ものを、百人一首「歌織物説」（研究家林直道の説）という。並べられた100首の歌をつなぐ合せ言葉を絵におきかえると、美しい景色 (fig.3) が浮かびあがることから名付けられた。「歌織物説」のように、コンテクストから様々な要素を結び合わせて、新たな風景を構築したいと考えた。

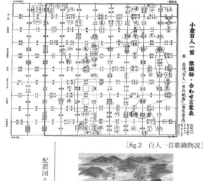

[fig.2　百人一首歌織物説]

配置図となる

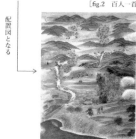

[fig.3　歌織物説から浮かび上がる風景]

4、分析

4.1　分析1　うたの空間化

　初めに、無作為に歌を選出し、歌から読み取った風景や心情をマテリアルや形態に置き換えて (fig.4) 建築を構成するスタディを行った (fig.5)。分析1では、作者の心情を空間体験できるような形態を作ることを目的とし、2段階のプロセスを

鈴木 碧衣
Aoi Suzuki

神奈川大学大学院
工学研究科 建築学専攻
六角美瑠研究室

踏んだ (fig.6)(fig.7)。

うた1：秋の田のかりほの庵の苫を荒み　わが衣手は露にぬれつつ

【解釈】
・民の心に成り代わって稲刈りの番小屋の情景を詠んでいる。
・類語「苫の目が荒い」「恋人の訪れに開かれる」
・ごっごっ、白い、灰白
・「笠堀から濡る露」と「恋ぬ人を想う涙」が二重な事し

【形態要素】
雨がゆったりと流れ落ち
気持ちの余韻を受け止め
る屋根

2つの対称物の間はど
こか落ち着かず、用消し
で悲しい気持ちが湧く

【テキスタイル要素】
石態　　苔　　マットな態
土間　　木板

[fig.4　マテリアル・形態への置き換え1]

[fig.5　うたの空間化モデル1]

うた2：八重葎茂れる宿の寂しきに　人こそ見えね秋は来にけり

【解釈】
八重葎　つる状の雑草の総称、「八重」は指数にも重なることで、つる草が絡っていごっているべ状態、変などが荒れ果ってる様子を表すとして使われる言葉。
・節・転枯の物の意い取りで寂しこと、雰ぼうな色の荒れ果てた果てる草木の総称。
・秋は紅葉を楽しむだけの季節ではないという繊細な情緒（情緒）を発見に道理した感。
・ボロボロの事一全体的に変しているというより、どこか朽ちようてボロに見える、一時年変変。

【形態要素】
隙の下のうねりによって秋の
淋みを感じることから、つる草
とのような曲線の変化・秋の涙れ
を相数的に倒像

屋根が倒れている、ぐら
ぐかんでいる雰囲気

【テキスタイル要素】
苔　　ツタを苔　　枯
木板

[fig.6　マテリアル・形態への置き換え2]

[fig.7　うたの空間化モデル2]

4.2　分析2　季節の空間化

　それぞれ分類されたうたをまとめた項目ごとに空間化した。例として、季節に分類された歌を総じて分析し (fig.8)、季節のモデルを作成した (fig.9)。分析2では、作者が詠んだ風景を取り込む装置を作り、作者と同じような心情を得られるような空間を作ることを目的とした。

　この時、作者が詠んだ風景の抽出も同時に行うが、季節のモデル作成のプロセスでは、心情を重要視した。風景が五感によって体得されるならば、五感と繋がる心情を空間化することで、風景を構築することができると考えた。よって心情を形態化し、空間構成を試みた。

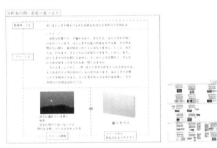

[fig.8　各うたの分析から、イメージを想起しマテリアルを当てはめる]

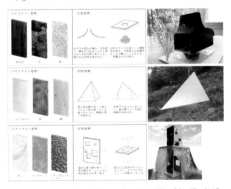

[fig.9　季節のモデル（上から順に「春、夏、冬」)]

4.3 風景の抽出と心情の読み取り

さらに分析していくと、作者たちは1つの風景に対して、風景を構成する「ある1つの要素」に焦点をあてている。例えば、「秋」のテーマに属す「み吉野の山の秋風小夜ふけてふるさと寒く衣うつなり（奈良の吉野の山に秋風が吹きわたる。夜がふけてかつての都は寒々と侘しく、衣を砧で叩く音が響いている。）」という歌から、「規則正しく砧で衣を叩く音」という風景が抽出でき、「寒々しさや寂しさが身にしみる」という作者の心情を読み取ることができる (fig.10)。

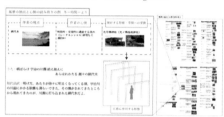

[fig.10　風景の抽出と心情の読み取り]

このような操作から倣い、周辺環境を取り込みつつ、センシティブな空間体験をすることができる装置として、「五感に作用する形態」をいくつかの歌から作成した (fig.11)。

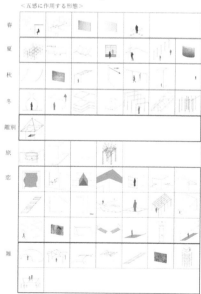

[fig.11　五感に作用する形態]

5、提案

5.1 対象敷地　栃木県日光市藤原

対象敷地は鬼怒川温泉廃ホテルが集う栃木県日光市藤原周辺とする (fig.12)。良好な自然環境と景色を有している鬼怒川温泉は全国有数の温泉地として栄えたが、地形や金銭的な問題から解体・廃墟群と化している。

下流に向かって左岸には高層建築の廃墟群の風景が立ち並んでいる。「きぬ川館本店」に続いて、「鬼怒川第一ホテル」、上流側が「元湯星のや」と、下流側の「鬼怒川観光ホテル東館」という、4つのホテルが廃墟と化している状況である。

また、「鬼怒川観光ホテル西館」、「岩風呂水明館」は既に解体されているが、岩風呂水明館施設下部にあった大きな赤い太鼓橋だけが川沿いに遺構として残されており、くろがね橋の上から確認できる。

[fig.12 鬼怒川温泉廃ホテル群周辺地図]

中心を通る鬼怒川に沿って、既存環境を生かした8つの建築「鬼怒川八景」を計画する (fig.13)。川上から川下に向かって順に、site1 夏、site2 春、site3 冬、site4 旅、site5 恋、site6 秋、site7 離別、site8 雑とし、鬼怒川が8つのフォリーを結ぶような形で、順にフォリーを巡りながら、日光の新たな風景を体感できるような計画とする。

5.2 プログラム

設計手法は、自身が現地に訪れ、五感で捉えた「周辺を含む対象敷地の要素」を上の句とし、それらの「要素を取り込む装置」を形態やマテリア

ルから構成したものを下の句として、両者を組み合わせることで新たな情景を構築していく。これを以下「情景カルタ」と呼ぶ (fig.14)。

この地に歌を詠むように環境を捉え、新たな風景を組み込むことで、現在の地域住民やこの地を訪れる外来者の風景に対する新たな感覚を創出することを目的とする。豊かな景観を有することで観光産業が栄えていたこの街から、風景のポテンシャルを引き出す建築を点在させることで、渓谷から眺める四季折々の美しい風景を取り込みながら場を作り込み、人々が風景を巡ることができるような拠点を、新たな街のネットワークとして形成する。

［fig.13　五感に作用する形態］

［fig.14　設計手法「情景カルタ」］

宇野 求

和歌という形式のとても短い歌だから、そこから思い描くものは（受け手によって）それぞれ違うかもしれないけど、それぞれの心に響いてきますよね。例えば、紅葉が色づいてくると、多くの人がきれいだと思うけれど、それを和歌として詠むとすれば、そこにはルールがあるわけです。だから、とても不自由です。鈴木さんのやろうとしていることも、非常に不自由なことを最初からやっている。敢えてある種の不自由さを選んでおり、だからこそ強いキャラクターの可能性も出てくるのです。数学的には「組合せ爆発」のように、歌の場合も組み合わせると、無限のバリエーションがある。

中間発表 講師コメント

6、建築提案

6.1 計画敷地と8つのフォリーの全体像
- 鬼怒川八景 -

百人一首の作者たちの視点を元に、「春、夏、秋、冬、旅、離別、恋、雑（自然の生命力）」を自身の視点から読み取れる場所を、鬼怒川沿いにそれぞれ8つ選定することで、日光が持つ既存環境のポテンシャルを生かしながら、8つの個性を持つフォリーが連歌のように呼応し、この地に美しい風景を構築する（fig.15）。

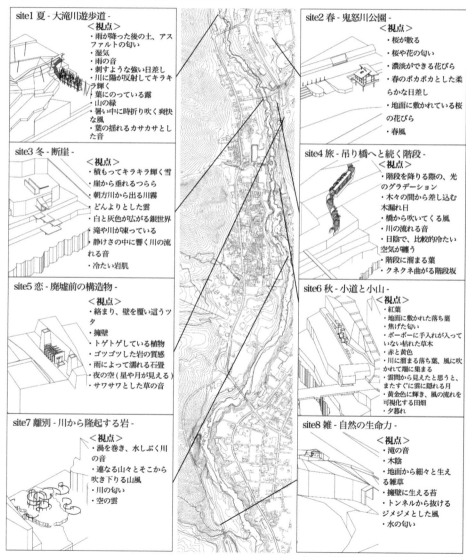

site1 夏 - 大滝川遊歩道 -
＜視点＞
・雨が降った後の土、アスファルトの匂い
・湿気
・雨の音
・刺すような強い日差し
・川に陽が反射してキラキラ輝く
・葉にのっている露
・山の緑
・暑い中に時折り吹く爽快な風
・葉の揺れるカサカサとした音

site2 春 - 鬼怒川公園 -
＜視点＞
・桜が散る
・桜や花の匂い
・濃淡ができる花びら
・春のポカポカとした柔らかな日差し
・地面に敷かれている桜の花びら
・春風

site3 冬 - 断崖 -
＜視点＞
・積もってキラキラ輝く雪
・崖から垂れるつらら
・朝方川から出る川霧
・どんよりとした雲
・白と灰色が広がる銀世界
・滝や川が凍っている
・静けさの中に響く川の流れる音
・冷たい岩肌

site4 旅 - 吊り橋へと続く階段 -
＜視点＞
・階段を降りる際の、光のグラデーション
・木々の間から差し込む木漏れ日
・橋から吹いてくる風
・川の流れる音
・日陰で、比較的冷たい空気が漂う
・階段に溜まる葉
・クネクネ曲がる階段坂

site5 恋 - 廃墟前の構造物 -
＜視点＞
・絡まり、壁を覆い這うツタ
・擁壁
・トゲトゲしている植物
・ゴツゴツした岩の質感
・雨によって濡れる石畳
・夜の空（星や月が見える）
・サワサワとした草の音

site6 秋 - 小道と小山 -
＜視点＞
・紅葉
・地面に敷かれた落ち葉
・焦げた匂い
・ボーボーに手入れが入っていない枯れた草木
・赤と黄色
・川に溜まる落ち葉、風に吹かれて端に集まる
・雲間から見えたと思うと、またすぐに雲に隠れる月
・黄金色に輝き、風の流れを可視化する田畑
・夕暮れ

site7 離別 - 川から隆起する岩 -
＜視点＞
・渦を巻き、水しぶく川の音
・連なる山々とそこから吹き下りる山風
・川の匂い
・空の雲

site8 雑 - 自然の生命力 -
＜視点＞
・滝の音
・木陰
・地面から細々と生える雑草
・擁壁に生える苔
・トンネルから抜けるジメジメとした風
・水の匂い

［fig.15 計画敷地全体図と各敷地における自身の視点］

Site2　春

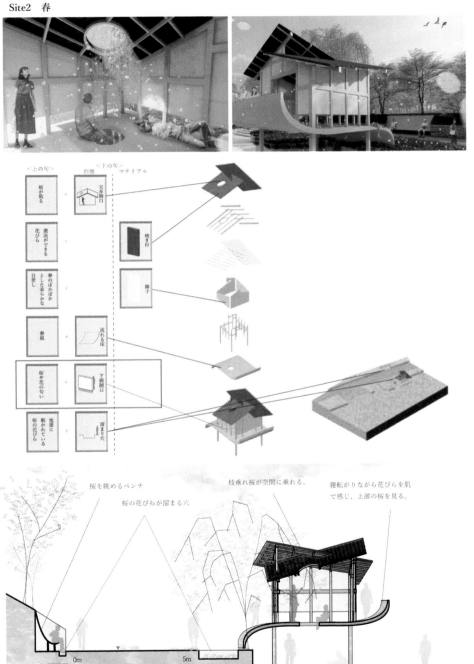

<上の句>　　　　形態　<下の句>　　マテリアル

桜を眺めるベンチ　　　　　　枝垂れ桜が空間に垂れる。　　寝転がりながら花びらを肌
　　　　　　　　　　　　　　　　　　　　　　　で感じ、上部の桜を見る。
　　　桜の花びらが溜まる穴

AA'　断面図　　0m　　　　　5m

Site4　旅

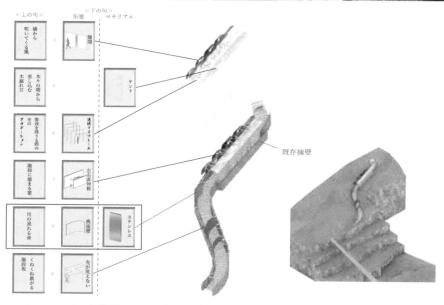

<上の句>　　　　　　形態　<下の句>
　　　　　　　　　　　　　マテリアル

橋から吹いてくる風　＋　隙間

木々の間から差し込む木漏れ日　＋　テント

階段を降りる際の光のグラデーション　＋　連続オリフレーム

階段に溜まる葉　＋　左右非対称

川の流れる音　＋　曲面壁　＋　ステンレス

くねくね曲がる階段坂　＋　先が見えない

既存擁壁

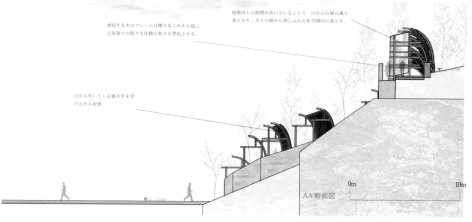

屋根同士の隙間があいていることで、川からの風の通り道となり、木々の間から射し込む光を空間内に落とす。

連続する木のフレームは様々なこれから起こる坂路での様々な体験の数々を想起させる。

川から吹いてくる風や音を受け止める屋根

AA'断面図

0m　　　　　　10m

Site5　恋

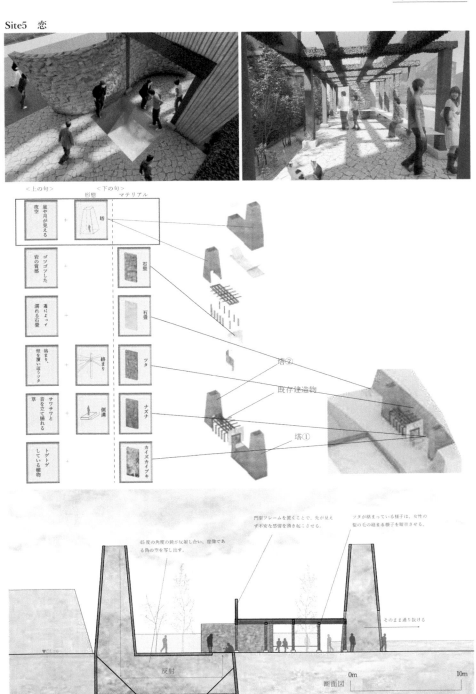

DISCUSSION

Group B

講師		
藤村龍至		B-1　横田理絵子
福屋粧子		B-2　谷俊栄
光嶋裕介		B-3　宮川詩布
		B-5　田中葵

B-1 横田理絵子

土地の固有性を意識した
空間表現
まちづくりに繋がるお蔵改修

藤村：横田さんのようなまちづくりは、アートのようなものだと思います。これほど寂れて誰もいない場所を賑わっているように見せることに対して、横田さんの中で葛藤はありませんか？

横田：絵から分析したものをつくるという、パタンランゲージと逆のほうが伝わるのではないかと思っています。最初の取り掛かりとして、裏をどう使うかが主題となっており、敷地にあるいくつかの要素に対して、土地を前提として分析をするけれど、つくったものを語る時には、分析の結果できたものではなく、絵に戻ったほうが伝わるのかなと考えました。

光嶋：逆流するほうが、説得力があると？

福屋：グループBは、地域リサーチをベースにした設計作品が多い印象です。中間までの敷地リサーチがしっかりしているので、実は、設計での提案との間にギャップがあっても、設計根拠として理解できる可能性もあります。だから、ジャンプを恐れずに最終の絵を一度描いてしまったほう

がいい。横田さんの言葉で言えば、「モノの集積によって広がる風景」を伝えられたら、最高ですね。合理的に展開しようとすると、既視感のある計画に収束してしまいます。他の人はやらないかもしれないけれど、自分は絶対にいいと思う絵を一度描き、それを裏付けるためにはどういう論理が必要かを考えてみるのは設計の訓練として良いと思います。

藤村：科学論文などでも、研究者の仮説が大事だとよく言いますよね。先生によっては、想いが大事とも言います。科学論文で「想い」とは何ですかね。

光嶋：科学的なことを詰めると、結局「想い」的な心に向かってしまうということですか？

藤村：おそらく研究者の仮説が上のほうの分類に影響を与えるはずなので、機械的に分類した後の余白にはどうしても結論は出てこない。最初に、ここが大事ではないか、こういう駅の風景が大事なのではないかという仮説がないと創造性は生まれないのです。

光嶋：絵を先に描いてから、その絵を違った視点で分析することで、偶然性を拾うようなことは面白そうです。

藤村：美術の人はやっている気がします。普通に描いている絵と言いつつ、仮説があるので段階的に少しずつ言語化して方法を定めながら、自分の中で整理しきらないまま出していくことが大事。自分で分析しながら段々追いつめていくような、行ったり来たりが重要ですね。

B-2 谷俊栄

自然現象を受容する
暮らしの空間
―愛知県豊橋市牛川霞地区を対象として―

藤村：リサーチとデザインの関係について、改めて思うことがあれば話してください。

谷：基本的には、今までの学部の設計などは、どちらかと言うと、最初につくりたいものをつくり、それを裏付けるために敷地調査をしていたように思います。

藤村：学部は経験主義的で、修士は方法的な経験になりますからね。

谷：それで、もしかしたらそういう考えになっていたのかもしれません。

藤村：だから、修士の最後の最後にまた学部に立ち返り、学部の形式でまとめる感じになるのでしょうか。

谷：ジャンプするためには、それなりの知識や経験、ジャンプするための鍛錬が必要なのでしょうか？

丹羽：当たり前だと思うものをネタ切れするまでたくさんつくり続けると、ネタ切れしたら、わけのわからないものをつくらざるを得ないです。その時にジャンプするのだけれど、いきなりジャンプしろと言われても難しいので、ベタなものをたくさんつくっていく中で、これは先ほどのものと似ているとなった時に、今までのリサーチの結果として、自分では言語化できていないものが出てくることがある。

藤村：塚本由晴さんや妹島和世さんも、伊東豊雄さんの話をよくしていると思いますが、伊東さんの事務所では最初に普通の案をとにかく一度つくり、それを揉んでいくのです。揉んでいく時に、伊東さんがアドバイスをくれるやり方のようです。普通の案をつくってから、揉んでいくうちにポンッと出てくる時があると妹島さんがおっしゃっていました。それぞれの発想法があると思うけれど、ベースとして言えることは普通の案をつくっているうちに、発想がだんだん飛躍していくということ。最初はある意味、筋トレのようなものが必要で、いきなり最初から「発想しなくては、ジャンプしなくては」と思うと難しいです。

光嶋：自分でどんどんやってみる中でしか得られない感覚があるはず。型を破るには徹底的に手法に取り組まないといけない。その点、みんなまだスタートラインで、断面の描き方から始めるとか、模型化してみようという段階。手法が変わっていくと結果的にジャンプしていることに気付ける。自分の直感を信じる勇気が必要であり、ジャンプしようと思ってやっても奇をてらった案にしかならない。型を徹底的に突き抜け、後からジャンプしたことに気付くほうがいいです。

藤村：案に対しては、いろいろあるけれど、横田さんの作品に関して言えば、どちらかというと街並み、集合の形態をもう少し考えてから蔵を定義するやり方もあるかな。今は中のものの組み立て方の理想のようなものが少しありますが、全体に繋がる話の手がかりがなくて苦労しているなら、街並みを持ってこないほうがいい。

福屋：私もそう思います。1つの敷地について丹念にリサーチしているけれど、まち全体の中で見ると非常に袋小路的な場所でしかない。でも、ものに着目しているのは面白いので、蔵にあるものを別の場所に持っていき、逆に、まちの中の別の場所にあるものをこちらに持って来ることにより、まちの繋がり方をもう一度デザインすると面白そう。古物回収的な不用品再活用かもしれないけれど、それによって繋がりを戻し、敷地内で閉じない繋がりがつくれるといいのかな。今だと単体のものを仕舞っておく蔵とものの関係が一対一になっているだけなので、それを回したほうが活動として面白いのではないでしょうか。

光嶋：横田さんの作品は、デザインするにあたってまだ主体が見えない。誰に向けて誰が何をするのか、まずその3点を明確にする必要がある。あなたは主体側にいるわけで、デザイン行為をする時には「対象が誰なのか」を明確にしなければならない。例えば子どもに向けてとか、地元の人に向けてとか、立ち位置がもう少しはっきり見えないといけない。まず、誰が誰のために何をつくるのか、その仮説としての理想像をひたすら探求していくことができそうです。あなたが「この視点からこの人のためにそれをなるべく長く永続させたい」という目的のために何をするか明確にしていくと、納得できる。なるべく大きな病気を見つけて大きな手術を成功させると、命を助けてくれ

てありがとうとなるのです。かすり傷なら、唾をつければいいよと言われてしまう。そこを明確にすると、十分いろいろなコンテンツがあると思う。それをその視点で整理し、きちんと繋げていくと、とても魅力的なものになると思います。広がっていくし、単体でやる意味が見えてくる。

藤村：谷さんの作品は、先ほど見た時はもっと大きい単位で捉えておけばいいのにと思ったのですが、先ほど福屋さんが話されたように、整理するという思考になると、案のような感じになる。もう少し自己批判的に可能性を見ていくなら、バラバラに撒いていくことで、この風景で何ができるのかまで突き詰めていくほうが現代的かもしれない。もしそちらに自覚的ならば、バラバラにした風景をやってみてもいいかもしれない。ランドスケープデザインとは違う方向の、このスケールの扱いになるかもしれない。

福屋：谷さんの作品は、グループBの中で唯一自然災害を扱っている作品ですね。自然現象を受容するという言葉が印象的です。その「自然」は、洪水だけなのか、それともほかの地震、風害や降雨もあるのかわかりませんが、受容した風景を描くと計画の特徴がはっきりと伝わると思います。水が引いた後にもう一度使い始めるわけですが、谷さんが着目した小さな作業場や道具など、小さきものたちが避難していたのだけれど帰ってきて働き始めるなど、そういう風景まで描けると近づくのかなと思います。

光嶋：自然を受容するのは本来怖いことで、死ぬかもしれない可能性もある。鴨長明による方丈記は、一種の災害文学であり、家が壊れ続けて、最終的には動けるモバイルハウスにたどり着くという話です。ここにあるという儚さと、圧倒的他者の受容と言った時に、これが希望なのか悲惨

なものなのかと言えば、まぁ悲惨なものであるは
ず。それを消さないで、怖い自然と対峙するという
あり方であり、流されないようにする工夫をし
つつも、流されることを良しとするあり方で、そ
れを風景として提示する。それができると、磯
崎新さんの廃墟としての未来とは違った、もう少
し希望のある何かであり、両義的なことを言って
いるけれど、そういうものができるのではないか。
写真を見るとか、スケッチするとか、小さい模型
などで抽象化するといった、何か違うプロセスや
表現で、自分なりに見つけてみるなど、建築から
離れた分野のほうが、おそらくヒントがあると思
います。それを見つけて表現できたら、このスケー
ルを扱うことに納得できる。

B-3　宮川詩布

産業の痕跡の再活用による地域再編
―愛知県岡崎市大平川用水路跡地を対象として―

藤村：パラパラと描く感じも見てみたいけれど、
水路を扱うのなら水路の単位をしっかり取り出し
たほうがストレートかなとは思いました。

光嶋：水路を取り出した先に抽出したエレメント
が断面で描かれているけれど、構築物としての建
築について、変容するものと変容しないものがお
そらく無意識的に両方描かれているようです。そ
のように絵を描いてから分析していく方法もあり
そうな気がします。自分でもまだ言語化できてい
ないものが、実は眠っているかもしれない。その
意識で、本プロジェクトの筋を、「誰が」「何のた
め」に「誰のため」にするかを導き、水路を手
掛かりにすると、最終的につくる空間が必要だと
いう仮説の根拠になり得ます。それを示さずに急
にファンクションや形態に落とし込んでしまうと、
単なるジャンプになってしまう。なるべくジャン
プたらしめないように繋いでいくのを楽しみなが

らやると良いと思います。

福屋：水路は地域の風景として根づいていますが、
今回の説明では宮川さんがなぜ水路を扱いたいの
か、まだうまく伝わってきませんでした。だから、
水路にはこれだけの可能性があるというのをもう
少し力強く伝えたほうが良いと思います。宮川さ
んはどこを一番面白いと思っているのか。長い水
路沿いに歩いていくとその面白さが続くようにな
るなど、何かしらの直感があると思う。それがま
だ見えてきていないのが惜しいと思います。

藤村：でも、まちの研究はすべて同様で、今とて
も寂れている空間をどのように頭の中で描いてい
るのか、こちらからはわかりませんから。

光嶋：スケールが大きくなった場合、現状に光を
当てることで、あなたがどこにいるのか、主体と
してどこを目指しているのかが見えるのです。

福屋：このまちを語るのに、なぜ水路でなくては
だめなのか、ほかに良いものがあるのではないか
と思ってしまう。

宮川：取り組む中でどんどん広げていった部分も
あるので、水路から遠ざかっている部分もあると
自分でも感じていました。

藤村：それを水路にどう戻していくかですね。

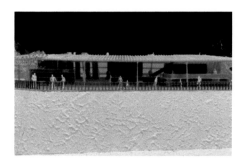

巡り巡るまち
―新たなまちづくりとしての「まちやど」、
「アルベルゴ・ディフーゾ」の現況分析および
まちづくりの今後の展開について―

福屋：中間発表段階ですごい密度で描いていますね。

藤村：リノベーションのまちづくりの事例が多いところを見ると、生業の分析を空間と一緒に考えるような、いくつかのパタンランゲージでいいと思います。パタンランゲージの人と空間をセットにするものと一緒に、生業と空間をセットすることになるのですかね。だからカフェをやると、このような土間を生かせるとか、この下屋はスタンドに生かせるとか、リノベーションの場所をセットする取り出し方のようなものは、リノベーションをきちんとやるといいように思います。

福屋：クリストファー・アレグザンダーの各プロジェクトのように、その場所固有のパタンランゲージをつくっているのですね。「こういうしつらえが必要であり、実際にまちの中ではここにありました」という発見が複数あると、まちの全体像が活き活きと更新される可能性があります。今は、なぜこの敷地を使うのかという問いに対して、たまたま空き家だったからという理由付けになっていますよね。でも、長期的に見てまちをデザインしたいのであれば、その地域の空間のリソースをまち全体から拾い集められるのは今、そのまちを

つぶさに観察している田中さんだけなので、責任感を持ってまちのパタンランゲージを構成してみてもいいかもしれません。

光嶋：本当にあなたは実感して理解しているのか、完全にわかりようがない。この場所にとって何がいいのか、それが誰にとっていいのか、自分が感じることをここで徹底的に考えて、煮詰まったら今度は、この場所から得られる普遍的なものを考える。そして、このまちではどうなのか、行き来をして分析する。それは、模型をつくるとか、スケッチをするとか、Google Earthで遊ぶとか、いろいろなメディアを用いて自分の中での手法を確立していくのです。それをどう評価して解釈するか、みんながやっていることを自分なりに体感することで、M1からM2に向けて経験主義的に自分の手法にしていき、その時に勉強してどんどん重ねると同時に、このようなこともできるのではないかという、違うことを行ったり来たりすることで自分なりの見つけ方をします。それは鳥瞰で描くのか、地図を写真で描くのかという捉え方も含め、非常に大事なことができると、個別の建築においても1つの建築の中で立面図、断面図という切り替えができる。これはできるものだという意識を持ちながら体感していけば、個別の建築をどうするという話はおそらくできる。ただ、それで手法を見つけていくのは少し粗過ぎるので、自分の周りにいる、おそらくお母さんやお父さんといった建築プロパーではない人に話してみると、何を言っているかが全くわからないという状態になると思います。結局それは、我々建築人間でもよくわからなかったので、入口としては開けるけれど、そこから論理的に思考するには、言葉の問題と手法を並べてこれから積み上げていけばいい。

福屋：田中さんがつくろうとしているのは、旅館ですか？　それとも、交流人口を増やす長期滞在型の宿泊施設ですか？

田中：旅館というよりも、まちを巻き込んでまちの中で宿泊の群のようなものが散らばり、そこを巡りながら観光客も回れるし、地元の人もそこに介入していくようなことを計画しました。

福屋：「まちやど」のプログラムは大きな可能性を持っているし、理解者も増やすことができます。しかし、実際にやってみよう、泊まってみようと思わせるには、ダイアグラム的な計画で考えることを止めて、もう少し解像度を上げたほうがいいです。自分が体験しないと何も真剣に考えられません。自分ごととして考えて、今何時で、何曜日で、どこに行って、まずどこでチェックインし、どこに行って寝るかまで考える、まちのコンテンツと、どういう隣接関係があるか、ずっと同じ部屋にいると退屈だから水辺を見ながら仕事したいとか、もう少しだけ解像度を上げる。

藤村：そのあたりは経験を超えることもあると思います。そして一度経験すると、それが普通になるようなところはあると思います。そのあたりを伝える説得力のようなものは、やはり絵力だと思いますが、それは伝えてほしいですね。

土地の固有性を意識した空間表現

まちづくりに繋がるお蔵改修

1. 序章

1.1 計画背景・目的

空間を考える際に、都市から敷地環境、計画対象の特徴など、様々な観点から読み解いた「土地の固有性」を意識したいと筆者は考えている。

固有性とは「あるものにもとから備わっている性質。そのものだけに特有な属性。」（哲学字彙1881）という意味である。そして、土地に備わっている性質「土地の固有性」とは、一言では説明できない多層な要因が重なることで形成されていると考えている。

建物の設計として固有性を意識した空間を計画する場合、風土や地域環境としての土地の固有性が建築形状や敷地配置といった建物計画に反映されていることも多い。しかし、建物に覆われた内部を対象とした内装設計は、どのようにして土地の固有性を意識した空間を表現できるのか疑問に思った。

そこで、土地の固有性を意識的に探し、固有性を読み解き、空間デザインへと展開する「土地の固有性を意識した空間表現」の研究を行う。

1.2 計画対象

建築設計実務における計画として、静岡県磐田市見付に残るお蔵の活用を対象としている。

筆者は見付のまちと蔵があることについて、入学後に蔵を活用したいという話を聞くまで、その土地について何も知らない状態であった。そこで、予備知識の無い状態である[静岡県磐田市見付地区][ある商店が所有する蔵]を対象とすることは、固有性を探る調査分析から、空間デザインに展開するための読み解きまで、「土地の固有性を意識した空間表現」を研究することに適した題材であるといえる。

江戸時代に宿場町として栄えた見付宿は、明治以降も宿場町の骨格を残しながらも近代の町並みが形成された。一九七三（昭和四十八）年から東海道の拡幅工事があった。

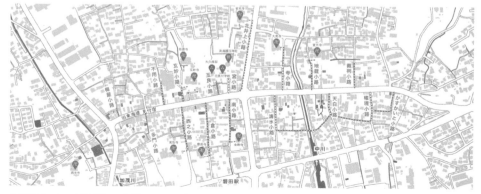

見付地区は、かつて東海道沿いの宿場町として日々多くの往来があり、商いのまちとして栄えていた。現存する蔵は50個ほどである。赤色で囲んである蔵は、今後活用できる可能性もあると言われている。

横田 理絵子
Rieko Yokota

静岡文化芸術大学大学院
デザイン研究科 デザイン専攻
亀井暁子研究室

1.3 計画方法

固有性を探るための調査分析、固有性と空間について学ぶための調査分析を行う。そして得た知見から固有性を読み解くための構想、そして空間デザインへと展開させる。活用想定から改修計画まで、見付という地にある商店の蔵であることを意識した空間表現を目指す。

調査内容の設定から分析、設計に至るまでの構成、何を固有性とするかの検討、その結果を展開させた設計までの流れを研究の一環とする。

2. 調査分析 A　固有性を探る
2.1 見付の蔵の固有性とは

固有性を探るため、まずは見付の蔵を俯瞰的に捉えた調査分析を行なった。都市デザイン、敷地計画、景観デザインの観点から見付のまちにある蔵について調査分析した。

2.2 大橋商店の固有性とは

つぎに、改修対象の蔵がある商店について調査分析した。敷地周辺環境、敷地内既存要素、収蔵品の観点から商店と蔵の関係について調査分析を行なった。

3. 調査分析 B　固有性と空間について学ぶ
3.1 活用計画

既往事例を対象として設計者が計画時に意識した事柄について、インターネットや建築雑誌を用いて調査した。

3.2 改修デザイン

文献やインターネット調査では分かりづらい周辺環境や細かな意匠などを、筆者が実際に見に行き改修デザインについて学びを深めた。

景観デザインから固有性を探る　蔵は見付の街並みを構成する一部であることから、景観デザインの観点から固有性について考察した。見付の蔵の調査情報を文献に記載されている情報の中から、蔵の意匠材に絞った分析を行った。分析の結果、見付の街並みをつくる蔵の意匠材の特徴として、定まった材ではなくその都度手に入りやすい材を使っていることがわかった。

建物配置から固有性を探る　『静岡県明治銅版画風景集』の銅版画から、主屋と蔵の建物配置の関係分析した

4. 構想　固有性を読み解く

4.1 聞き取り調査

　調査分析を進めながら、空間デザインへ展開させるための固有性の読み解きを行なった。蔵の所有者である商店、見付宿を考える会をはじめとした方々への聞き取り調査を行い、見付と商店の固有性について検討した。

4.1（1）2022年11月5日
第一弾分析報告、改修方向性について既往事例を元に聞き取り調査

4.1（2）2022年4月5日
第二弾分析報告、空間イメージの提案

4.1（3）2022年7月23日
固有性に対する確認、空間活用への方針提案

5. 計画 空間デザインへ展開する

5.1 コンセプト

5.1（1）敷地活用

　東海道の通りから蔵があるみせの奥へと誘うために、敷地内の運搬用線路や店舗横のトンネル型の通路など、既存の要素を活かした活用。見付のまちが持つ固有性、商店のみせとしての固有性を際立たせる敷地内の演出。

5.1（2）空間計画

　三棟の蔵のそれぞれ異なる固有性と親和性のある空間を考える過程を経ることで、クライアントからの要望が定まっていなかった用途を提案することができた。

5.2 改修計画

　新蔵、土蔵、奥蔵三棟の蔵の改修設計、店舗横の通路から敷地全体の計画。家財を保管するために建てられた蔵である新蔵は、伊豆石貼りの腰壁や漆喰壁、金物を使用した構造など、三棟の中でも豪華な造りが際立つ。

　一階内部には、壁一面に骨董品類が保管されている木箱が並び、二階は家財道具が仕舞われてい

る先祖代々の箪笥が所狭しと置かれていた。蔵を活用するために、これらを別の場所に移動させるのではなく、物の集積によって作られた力強さのある空間を引き継ぎたいと思った。そこで、既存の家具を意匠要素として捉えた提案を行った。

　そして、大人4人程で窮屈になってしまう小さい蔵であるため、長い時間留まらず短時間滞在で楽しむことのできる用途が適切であると考えた。

　一階は壁面に収納されている器等の骨董品を中心に展示するギャラリーに改修することで、既にある収蔵機能に、公開することのできる仕掛けを合わせることができる。収蔵という蔵本来の役割と、人の出入りを伴う蔵としての活用を可能とする。

　敷地内で一番古い蔵である土蔵は、地震によって土壁が剥がれたため、トタン波板で外壁が補修されている。店舗横の通路からも土蔵が見え、みせの第一印象となるが、外からは蔵ということは分からず、倉庫のようであった。外観改修として、漆喰や腰壁によって蔵らしさを再現させることもできるが、柱と梁だけの現状内部を活かした改修にしたいと考えた。

　そこで、トタン板を半透明の波板ポリカに付け替え、外側から木の柱と共に人の気配が見えるようになる。これらの躯体改修を行うことで、空間用途としても明るさを活かした用途提案が可能になった。

　一番奥にある二階建ての奥蔵は、見付に現存する蔵の中でも広さのある蔵である。一階部分には状態の良い土壁が残っており、木の梁も印象的であった。元々お酒をブレンドする場所として使われていたことから、木の樽も収蔵され、陶器製酒樽や、量り売りでお酒や醤油を入れていた徳利、お猪口や火鉢など陶器類が多く収蔵されていた。これらは木箱に入っているものもあるが、床にそのまま並べられている物も多く、今後地震などが発生した際に倒れて割れてしまう恐れがあっ

た。そこで、商いの歴史を伝える物を守るための梱包材のような機能を持った什器を主役とした飲食空間を提案した。

6. 締章

土地の固有性と意識した空間表現を目指す上で、多角的な視点から固有性を探り、読み解くことが重要であった。空間を客観的に捉えた調査分析を行い、デザインへ展開するための研究となった。

参考文献（一部抜粋）
・見付宿を考える会・磐田市教育委員会文化財課編・磐田市教育委員会:見付のお蔵磐田市見付地区「蔵」悉皆調査報告書,2020
・磐田市史編さん委員会:磐田市史 通史編中巻 近世,磐田市,1991
・清水秀明:東海道見付宿の助郷,1990
・静岡県磐田市史編纂委員会:東海道遠州見付宿,1974
・若林淳之・松原正明:静岡県明治銅版画風景集,羽衣出版有限会社,1991
・森町制100周年記念誌編集委員会:森町むかしといま,静岡県周智郡森町,1989

福屋 粧子

リサーチの対象と方法が明確で、着目したいポイントは、中間の段階でも伝わってきました。設計との間にギャップがあっても、現場を見ているという信頼感から、どんな提案でも成り立つ可能性が高い。だから、ジャンプを恐れずに最終の絵を一度描いてしまったほうが良いかもしれません。自分は絶対いいと思う絵を一度描き、それを裏付けるためにはどういう論理が必要かを考えてみるのは設計の訓練として良いと思います。

藤村 龍至

普通に描いている絵と言いつつ、仮説があるので段階的に少しずつ言語化して方法を定めながら、自分の中で整理しきらないまま出していくことが大事。自分で分析しながら段々追いつめていくような、行ったり来たりが重要ですね。

中間発表 講師コメント

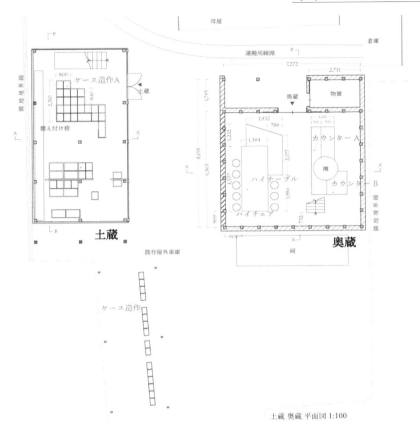

土蔵 奥蔵 平面図 1:100

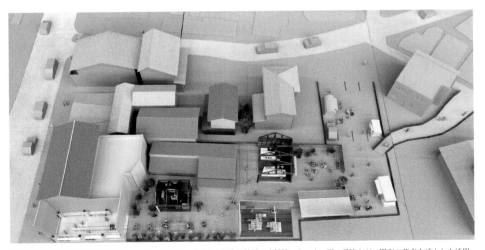

東海道の通りから蔵があるみせの奥へと誘うために、敷地内の運搬用線路や店舗横のトンネル型の通路など、既存の要素を活かした活用提案

トンネル状の通路空間で、賑わいを演出するための仕掛け

物の集積によって作られた力強さのある新蔵の空間に新たに設置する展示什器

土蔵一階のトタン板を半透明の波板ポリカに付け替え、外側から気配が見えるようになる

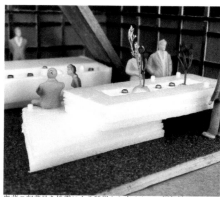

奥蔵の収蔵品を地震による破損から守るために梱包材のような機能を持たせたカウンター

酒類販売用の既存ケースも敷地演出の一部として取り入れる

小路側から敷地に向かうアプローチのイメージ

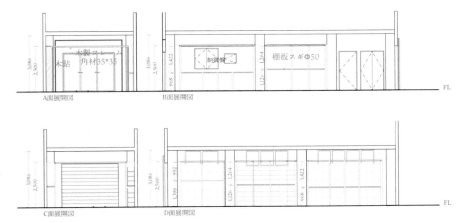

A面展開図　　B面展開図

店舗横通路 展開図 1:100

a-a'断面図　　　b-b'断面図

南立面図　　　　東立面図

土蔵 断面図 1:100

自然現象を受容する暮らしの空間
―愛知県豊橋市牛川霞地区を対象として―

【1．研究の背景と目的】

　近年の自然災害の頻発や甚大化により、日本各地で防災への意識が高まっている。東海地方においても伊勢湾台風級の被害や南海トラフ地震への恐れから水害対策として各地で堤防整備の計画が進行している。水辺との隔絶はこれまでの文化や風景を失う懸念も多い中、戦国時代に武田信玄の考案した霞堤（図1）が、治水と環境保全両方を併せ持つことで近年再評価されている。霞堤とは、氾濫した洪水が周囲に広がらないよう被害の拡大を防ぐ不連続堤防である。愛知県豊橋市牛川霞地区（以下、牛川霞）も霞堤を有しており、地区全体で洪水を受け入れながら農業地域として発展してきた（図2）。しかし、ここでも新たな堤防の増築計画が進行中であり、伝統的な治水技術を継承する風景が失われつつある（図3）。本研究では、自然と建築と人の関係性に着目した上で、霞堤によって築かれた自然と共存する暮らしのポテンシャルを見出し、牛川霞での「自然現象を受容する暮らしの空間」を新たなエリアとして再構築することを目的とする。

図1　武田信玄考案の霞堤

図2　洪水を受容する牛川霞

図3　豊川霞堤分布

【2．研究概要】

　全国かわまちづくりの事例調査とフィールドワークによる牛川霞の現状調査によって課題点及び潜在力を把握し、建築計画の立案を行う。

【3．全国かわまちづくり事例調査】

　川と共存する地域のあり方について、主体的に治水に取り組む流域治水プロジェクトの中から霞堤を有する47水系を調査対象とし、川が伴うまちづくりに関する活動をまとめたデータシートを作成する（図4）。自然環境の整備やその川だからこそ生まれるイベント、中長期的な地域の人々との連携など11項目に整理した（図5）。各地では川周辺の地域が有する自然環境を地域資源と捉え、まちの公園として活用していることが把握できた。

図4　データシート作成例

図5　かわまちづくり項目

【4．牛川霞の現状把握と潜在力調査・分析】

　現在までの暮らしや空間構成を把握し、その風景を形造る要因を探ることで「牛川霞らしさ」を

谷 俊栄
Shunei Tani

名古屋工業大学大学院
工学研究科 社会工学専攻
加茂紀和子研究室

分析する。

4-1. 牛川霞現状マップ 2022 の作成

豊川・朝倉川・牟路用水に囲まれたエリアを調査対象とする。2015 年に最終更新された土地利用図の現状を確認、修正したものにハザードマップを重ねたところ、微高で比較的浸水深が低い北・東側に住宅が多く、畑・果樹園と田は計画的に開墾されていることが分かった（図6）。

これらの土地利用分類及び建築用途の 2015 年と調査した 2022 年の比較結果を表2 に示す。新たな開墾はあるものの田・畑・果樹園は減少、荒地・放置林が増加している状況であり、駐車場やソーラーパネルの設置といった転換もみられる。建築用途では、住宅・マンション、店舗が減少する中、特に減少数の多かった倉庫は田畑の利用に伴って影響していると推察できる。

図6 牛川霞現状マップ 2022

表2 土地利用分類・建築用途 2015 年 -2022 年の比較

	分類	2015年(数)	2022年(数)	(増減数)	増減率(%)
土地利用分類	田	135	90	(+5/-50)	-33
	畑	301	226	(+14/-89)	-25
	果樹園	22	17	(+4/-9)	-23
	荒地・放置林	87	185	(+112/-14)	+113
	駐車場	15	16	(+1/-0)	+7
	ソーラーパネル	0	27	(+27/-0)	
	グラウンド	0	1	(+1/-0)	
建築用途	住宅・マンション	58	53	(+0/-5)	-9
	倉庫	243	195	(+17/-65)	-20
	ビニールハウス	30	34	(+5/-1)	+13
	事務室	15	18	(+3/-0)	+20
	工場	10	10	(+0/-0)	0
	店舗	4	3	(+0/-1)	-25
	公共建築物	9	9	(+0/-0)	0

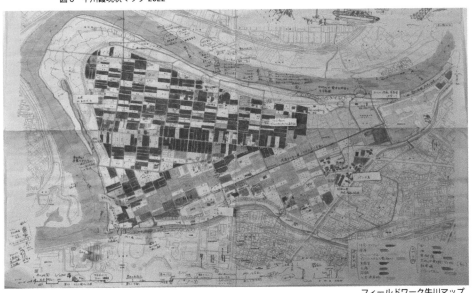

フィールドワーク牛川マップ

4-2.ヒアリング調査

地区内の農業従事者の現状と課題把握のため行ったヒアリング調査では、耕作モチベーションの維持や新規就農者の確保、今後増加が予想される放棄地の転用方法や農地の貸出マネジメントが課題として明らかになった（表3）。

表3　ヒアリング調査

抽出キーワード	農業の取り組みへの意識と現状について
農地の手放し希望（4）	終農をするのも一苦労/農業委員会の耕作要請に渋々やらざるえない現状/ただでも農地を貸し出したいくらい
後継者・人出不足（7）	サラリーマンを終えてから継いでいる/子供が引き継ぐ見込みはない/農協さえも縮小傾向にある/農協に作業をお願い
小さなコミュニティ（3）	親の代から農をおこなっている/お隣さん同士の近況把握/街の食堂の方に売る　　　　　　　　　　　（※ヒアリング内容一部抜粋）

4-3.写真分析 - コンテクストとトリガー

牛川霞の暮らしや状況が顕著に現れた 272 枚の写真を分析対象とし、そこに現れるコンテクストを読み込みデータシートを作成した（図7）。ここでは大小様々なスケールが表出した農に関する【農の暮らし】、街の視点を形造る【まちの様相】、住居や土木構築物、サインに多い【対災害】、耕作地を別の用途で利用している【農の転用】の 4 つの分類を得た。またそのコンテクストの形成に寄与するトリガーとの関係性を示した（図8）。〈農的要因〉〈自然的要因〉が多くの割合を占めており、次いで構築物である〈建築的要因〉〈土木的要因〉、また人の関わりをきっかけとする〈人的要因〉の 5 つの分類が得られた。

さらにトリガーごとにコンテクストを集計すると（図9）、全ての要因の多くが【農の暮らし】に影響を及ぼし、〈土木的要因〉や〈人的要因〉では、より【まちの様相】を形造る傾向がみられた。これらの固有の性質を有するトリガーは、暮らしや自然、構築物や人という多様な要因で構成され「牛川霞らしい」風景を決定付けており、受容する空間を計画する上で地区独自の指標になり得ると考える。

地区内従事者のみならずまちの人の居場所としての再構築に繋げるべく、霞堤内で暮らすことを前提とした設えの再編を試みる。

図7　データシート作成例

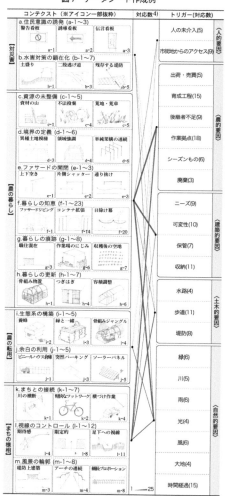

図8　コンテクストとトリガーの類型 / 関係性

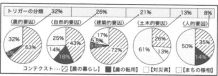

図9　牛川霞のトリガー特性

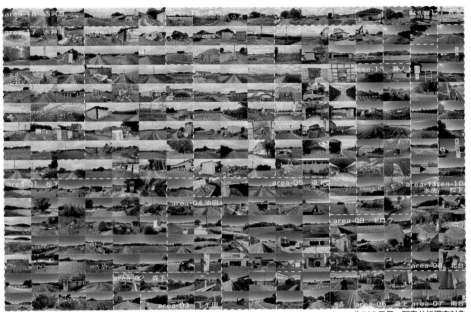

牛川の風景－写真分析調査対象

福屋 粧子

グループ B の中で唯一自然災害を扱っている作品です。自然現象を受容するということなので、洪水を受容した風景や、その後の風景をぜひ描いてほしい。洪水の水が引いた後に小さきものたち（作業小屋や作業道具などのまちの小さいパーツ）が帰ってきて、またここで働き始める風景まで描けると、谷さんが描きたいことに近づくのかなと思います。

光嶋 裕介

自然を受容するのは本来怖いことであり、本作品はその怖い自然と対峙するなか、流されないような工夫をしつつも、流されることを良しとするあり方です。それを風景として提示できると、磯崎新さんの廃墟としての未来とは違った、もう少し希望のある何かになると思います。両義的なことを言っているけれど、そういうものができるのではないでしょうか。

中間発表 講師コメント

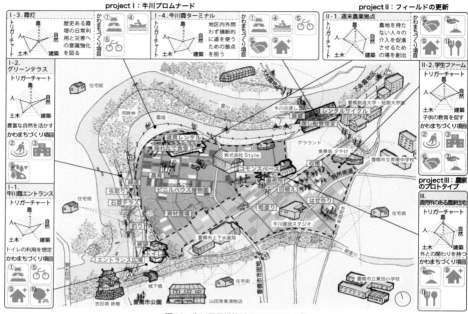

図10 牛川霞再構築計画エリアマップ

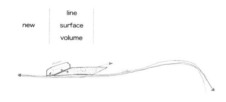

コンセプトスケッチ

【5．牛川霞エリア再構築計画】

　牛川霞を豊橋市市街地に隣接する農地という専有ではなく公共という共有空間として位置付け、まちの構造である線と面を活かした点在的農業公園の計画を行う。第3,4章で明らかになった、かわまちづくりにおける項目と浸水深度の違いによる空間構成を合わせて、新たなトリガーを生み出すプログラムを立案した。人を呼び込むことを目的とした観光・レジャーを強化する線のprojectⅠ、教育を目的とした持続可能な農地を更新する面のprojectⅡ、生活の指針を示す開かれた農家住宅のprojectⅢを提案する（図10）。

project Ⅰ：牛川プロムナード

　牛川霞は、豊川に現存する4つの霞地区の最も下流側に位置する。市街地からのアクセスを担うエントランスと地区間を繋ぐ遊歩道の役割を与え、日常的な利用を促す。城下橋と接続する場では川の流入口であることを考慮し、最小限の機能であるトイレをコアとした展望台を設計（Ⅰ-1）。浸水危険度の高い高水敷では、豊富な種類の生態系に近づける遊歩道と広場を設え、急な堤防で隔絶した境界を緩やかにする（Ⅰ-2）。また全長2.7km、高低差6.36mの堤防（地点A〜C）に対し、水平高さが等しい街灯を配置することで、光の高さが浸水深への意識を高め堤堤の地形を可視化させる（Ⅰ-3）。平安時代から続く愛知県唯一の牛川の渡しでは、レンタルサイクルを機能に加えた牛川霞ターミナルとして周辺地区との流動性を高める他、豊橋市上下水道局と連携しながら河川の水位変化を管理し安全性を高める（Ⅰ-4）。

■ I-1.牛川霞エントランス：2500mm グリッドのトイレをコアに動線を巻きつけた展望台と街と繋げるエントランス広場

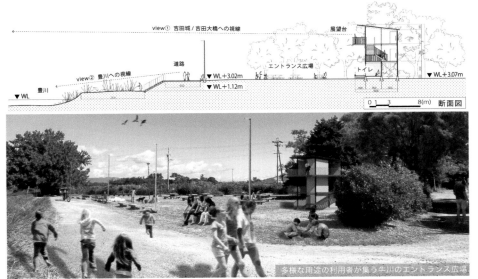

多様な用途の利用者が集う牛川のエントランス広場

■ I-2.グリーンテラス：緩やかな傾斜の中に遊歩道と広場を配置した人と共にある段階的なエコトーンの創出

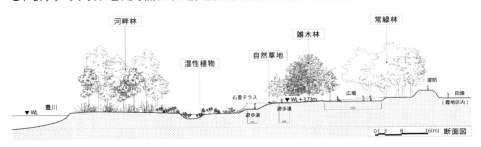

■ I-3.霞灯：連続する街灯の配置、防災意識の向上、街との接続

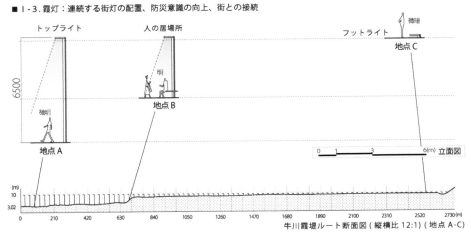

牛川霞堤ルート断面図 (縦横比 12:1) (地点 A-C)

■ I - 4 . 牛川霞ターミナル：渡し船・レンタルサイクリング拠点、日常的な利用の促進

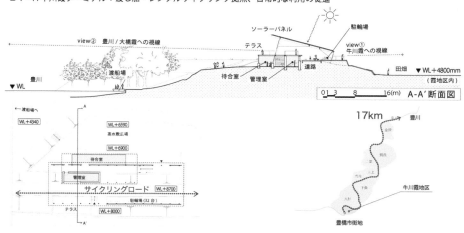

view② 豊川／大橋霞への視線

ソーラーパネル　駐輪場

テラス

view①
牛川霞への視線

道路

田畑　▼ WL＋4800mm

渡船場

待合室　管理室

（霞地区内）

豊川

▼ WL

0 1 3　　8　　　16(m)　A-A'断面図

←渡船場へ

WL＋4340

WL＋6590

高水敷広場

WL＋6900

待合室

管理室

サイクリングロード

WL＋8700

駐輪場 (32 台)

テラス

WL＋8000

17km

豊川

牛川霞地区

豊橋市街地

レンタルサイクル

管理室

テラス

通学路を初め日常的な交通手段となる牛川の渡し

9つの霞地区の関係性を強める 17km のサイクリングロード拠点

project Ⅱ：フィールドの更新

農業従事者のノウハウやコミュニティを活かし、地域で営農することで多様な世代の関わりを創出する。北部に広がる畑・果樹園では、平日は本業をこなす若年層を中心に週末農業というライフサイクルを提案する。必要な技術や農具を支援するサポーター制度を導入し、共有農地として交流を図る（Ⅱ- 1）。また南部に広がる田んぼでは学生ファームを展開することで、周辺の5つの小中学校と連携した9年間毎年一同に介す行事が風物詩となることを計画した（Ⅱ- 2）。

■ II-1. 週末農業拠点：連続的な動線を確保した農業用倉庫と食堂、新規農業従事者のサポート

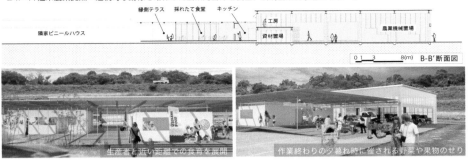

B-B'断面図

生産者と近い距離での食育を展開

作業終わりの夕暮れ時に催される野菜や果物のせり

■ II-2. 学生ファーム：4つの小学校の統合校である豊橋青陵中学までの9年間で取り組む田んぼ教育

牛川霞周辺の小中学校 6)

○1年間の田んぼプロジェクトサイクル表（★：難易度）

対象小中学校名	児童数(人)
豊橋市立牛川小学校	471
豊橋市立東田小学校	213
豊橋市立旭小学校	591
豊橋市下条小学校	55
豊橋市立青陵中学校	652

	1	2	3	4	5	6	7	8	9	10	11	12
作業工程	田んぼの準備・苗作り					田植え・管理				収穫		
	土作り		苗床準備		基肥 代掻き			穂肥		刈り取り 乾燥 調整		
					播種 田植え							
提案	畦塗り★☆☆									収穫★★☆ 乾燥★★☆		
			育苗管理★★☆									
	調理★★☆					田植え★☆☆				はぜ作り★★★		

5つの小中学校が9年間毎年一同に介す行事が風物詩となる

projectⅢ：農家住宅のプロトタイプ

　50代夫婦の2人家族で将来賃貸を想定した農家住宅である。浸水に影響の少ないものを順に下階から配置し、1m基礎上げした一階のコモンスペースやビニールハウス内の直売所を核に、小さなコミュニティを築く。

■ Ⅲ. 直売所のある農家住宅：浸水影響度による空間構成、地域のコミュニティ形成

C-C'断面図

屋根勾配を利用した雨水利用
コモンスペース
ベランダ
ビニールハウス
玄関

生活
コモンスペース
直売所
遮光カーテンの下でコミュニティに寄与する直売所

【6.結論と展望】

　本研究では、牛川霞独自の自然現象と地区内従事者によって築かれた空間を、まちの地域資源として捉え直し日常的な利用と長期的な関わりを生み出すネットワークを提案した。従事者だけが関わるフェーズから地域を巻き込み活かすフェーズの転換期であり、牛川のトリガーをどのようにデザインしながら受容し共感を得られるかが重要であると考える。自然と共に生きる牛川霞らしさを残した新たな風景となる未来を望む。

産業の痕跡の再活用による地域再編
―愛知県岡崎市大平川用水路跡地を対象として―

RESEARCH

【1】背景と目的

　国土に張り巡らされた水路は水循環の一翼を担う産業基盤であると共に浸水被害の軽減、地震時のライフラインなど多面的な側面を持つ地域の財産である。一時は、老朽化や維持管理等の問題から経済・効率性を優先して撤去する動きも見られたが、近年では水辺の需要の高まりから地域再生や生活の場としてその価値が再認識されている。愛知県岡崎市大平（図2）は、国内の近代化の先駆けとして官営紡績所が設置され、豊富な水資源を工業への利水に展開した。明治以降の安価な製品の流入により紡績業は衰退するが、当時では大平川用水路（以下、用水路）を核として船紡績や水車（図1）が並び、暮らしと連動した固有の風景が形成されていた。紡績遺構として現存する一部は岡崎市の観光資源となっているが、[2]現在の用水路は利水機能の喪失によって周辺から乖離した状態にあり、今後混住化や少子高齢化が益々深刻化する中で整備等の問題が懸念されている。

　本研究では地域の記憶と住民意見を把握し、用水路を核とした暮らしの風景の再構築を試みる。

【2】概要

　(1)歴史的背景の整理(2)用水路の現状視察及びヒアリング(3)住民へのアンケート調査(4)フィールドワーク(5)用水路を起点とした地域再編のための建築提案。

【3】歴史的背景と現状

　用水路は官営紡績工場のため乙川を水源に引かれ、その後農業用水に転変する。現在では、上下流で流水の有無や灌漑状況など利用実態に相違があることが分かった（図3）。

　現地視察では、乙川の堰と石積み擁壁が見られ、用水路は全長2.5kmに及び当時の経路のまま残存していることが分かった（図4）。

　アンケートの予備調査として周辺住民へのヒアリングを行ったところ、用水路一体は近隣住民との連関が強いこと、また近年では地域全体が働き

図1 水動力による岡崎のガラ紡績 [1]

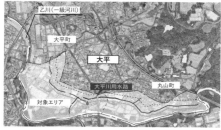

図2　研究対象地域 大平

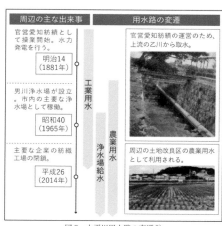

図3　大平川用水路の変遷 [3]

宮川 詩布
Shiho Miyagawa

名古屋工業大学大学院
工学研究科 社会工学専攻
加茂紀和子研究室

現状写真　官営愛知紡績所跡(左)と大平川用水路(右)

ヒアリングから得られたこと

現在における用水路及び暮らしの状況	
用水路	上下流における利用実態・性質の相違
	働く場としての中心エリアから住宅街への移り変わり
環境と暮らし	用水路と近隣住民の関連（生活動線/日常/管理/記憶）

図4　研究対象地域 大平

場から住宅街へと変移していることから日常的生活領域としてのニーズを把握する必要があることが分かった。

【4】アンケート

暮らしとニーズ及び用水路への意識を明確にするため対象エリアに住む人々へアンケート調査を行った（図5）。居住年数（図6）では長期在住者だけでなく新規居住者が多く、市街地近郊として働き手等が期待される地域であると考える。また入居後の変化（図7）では工場や田畑等の共有物が住宅へと置換されていることが分かった。

4-1.　地域への評価と空間ニーズ

大平の印象評価に対しての加重平均[4]（図8-1）を見ると、〈自然〉〈子育て〉〈文化歴史〉が高評価であるのに対して〈魅力活気〉〈産業〉〈文教活動〉が低評価であった。また、お気に入りの場所への回答結果を元に魅力分布図を作成したところ、大型店舗等の目的性のある〔店舗エリア〕と乙川周りの〔田園自然エリア〕に分かれ、対象エリアは〈自然〉が感じられる場として人々を惹きつけるポテンシャルがあると分かった（図8-2）。さらに町へ

アンケート概要

日程	2022年11月		
対象	大平川用水路周辺地域(対象エリア)の住民		
調査目的	大平での暮らしとニーズ/大平川用水路を取り巻く環境とその住民意識を明らかにすること		
調査方法	・アンケート用紙への記入 ・Google Formを用いたWEBでの回答		

回収結果

配布枚数	297件	回収率	31.3%
回収件数	93件【紙面(37件)、WEB(56件)】		

図5　アンケートの概要と回収結果

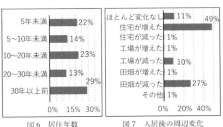

図6　居住年数　　　図7　入居後の周辺変化

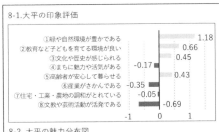

8-1.大平の印象評価

①緑や自然環境が豊かである　1.18
②教育など子どもを育てる環境が良い　0.66
③文化や歴史が感じられる　0.45
④まちに魅力や活気がある　-0.17
⑤高齢者が安心して暮らせる　0.43
⑥産業がさかんである　-0.35
⑦住宅・工業・農地の調和がとれている　-0.05
⑧文教や芸術活動が活発である　-0.69

8-2. 大平の魅力分布図

図8　地域の印象評価とエリア内の魅力分布図

の要望と必要な施設の自由記述から住民のニーズをまとめた（図9）。回答数が目立った【公共空地】【子どものための場所】【生活利便施設】【地域コミュニティの向上】を住民による対象エリアの空間ニーズと捉え、これらを地域再編のための基軸として、賑わいのある町を目指した設計プログラムに展開していく。

4-2. 用水路への潜在意識と課題

用水路の印象評価の加重平均値（図10）をみると、用水路自体は住民にとって身近な存在である一方で、周辺環境との不調和な状態や人々の集いの場とはなっていないことが分かった。他方、図11より周辺部に対しては自然環境への評価や日常的な居場所としてのポテンシャルが確認され

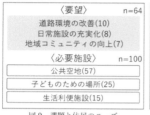

〈要望〉　n=64
道路環境の改善(10)
日常施設の充実化(8)
地域コミュニティの向上(7)

〈必要施設〉　n=100
公共空地(57)
子どものための場所(25)
生活利便施設(15)

図9　課題と住民のニーズ

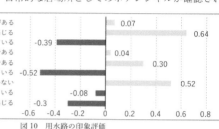

①地域らしい魅力がある　0.07
②身近に感じる　0.64
③想いの場、拠り所となっている　-0.39
④自然・動植物が豊かである　0.04
⑤人工的である　0.30
⑥周辺環境と調和している　-0.52
⑦地域を隔てていない　0.52
⑧管理がされている　-0.08
⑨危なくないと感じる　-0.3

図10　用水路の印象評価

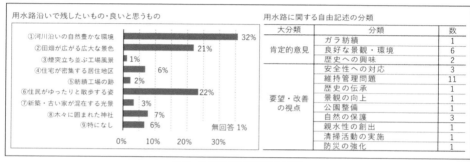

用水路沿いで残したいもの・良いと思うもの
①河川沿いの自然豊かな環境　32%
②田畑が広がる広大な景色　21%
③煙突立ち並ぶ工場風景　1%
④住宅が密集する居住地区　6%
⑤紡績工場の跡　2%
⑥住民がゆったりと散歩する姿　22%
⑦新築・古い家が混在する光景　3%
⑧木々に囲まれた神社　7%
⑨特になし　6%　無回答 1%

用水路に関する自由記述の分類

大分類	分類	数
肯定的意見	ガラ紡績	1
	良好な景観・環境	6
	歴史への興味	2
要望・改善の視点	安全性への対応	3
	維持管理問題	11
	歴史の伝承	1
	景観の向上	1
	公園整備	1
	自然の保護	3
	親水性の創出	1
	清掃活動の実施	1
	防災の強化	1

図11　用水路に対する潜在意識と要望

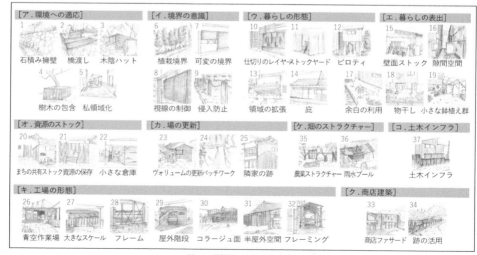

[ア．環境への適応]
1 石積み擁壁　2 橋渡し　3 木陰ハット
4 樹木の包含　5 私領域化

[イ．境界の意識]
6 植栽境界　7 可変の境界
8 視線の制御　9 侵入防止

[ウ．暮らしの形態]
10 仕切りのレイヤーストックヤード　11 ピロティ
13 領域の拡張　14 庇

[エ．暮らしの表出]
15 壁面ストック　16 隙間空間
17 余白の利用　18 物干し　19 小さな鉢植え群

[オ．資源のストック]
20 まちの共有ストック資源の保存　21 小さな倉庫

[カ．場の更新]
23 ヴォリュームの更新パッチワーク　25 隣家の跡

[ケ．畑のストラクチャー]
35 農業ストラクチャー　36 雨水プール

[コ．土木インフラ]
37 土木インフラ

[キ．工場の形態]
26 青空作業場　27 大きなスケール　28 フレーム　29 屋外階段　30 コラージュ面　31 半屋外空間　32 フレーミング

[ク．商店建築]
33 商店ファサード　34 跡の活用

図12　特徴的な空間のスケッチ

た。また、用水路に関する自由記述の集計では、肯定的意見と要望・課題の両面が見られ、これらより魅力的な環境を保存しつつ安全性・管理の課題へ向き合う必要があると考える。

【6】フィールドワーク

日常の一部を担う場として住民の主体的利用を想定した空間創出を図るため、対象エリア内において「営みの痕跡」が表出した場を撮影した。収集した全148枚の写真を元に①主体的行為による分類、②ネーミングとスケッチによる形態の整理、③行為を誘発する空間要素（以下、建築エレメント）を抽出した（図12-13）。大平は工場や田畑など様々な環境と混住する地域であり、37類型に見られる営みの痕跡は地域特有の暮らしから生まれたものとみなせる。これら、得られた建築エレメントは現在の生活に馴染み、人々の行為を引き出すものとして設計の手がかりとしていく。

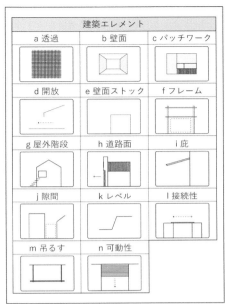

図13　用水路に対する潜在意識と要望

光嶋 裕介

水路から抽出したエレメントが断面で描かれているけれど、構築物としての建築について、変容するものと変容しないものがおそらく無意識的に両方描かれています。そのように絵を描いてから分析していく方法に、自分でもまだ言語化できていないものが眠っているかもしれない。そこから、本プロジェクトの筋として「誰が」「何のため」に「誰のため」にするかを導き、水路を手掛かりにすると、最終的につくる空間が必要だという仮説の根拠になり得ます。それを示し、ジャンプたらしめないように繋いでいくのを楽しみながらやると良いと思います。

【7】建築計画

7-1. 用水路の空間的特徴

地形に這うようにして流れる用水路に対して、用水路と周辺との関係性と空間的特徴を分析するために全長2.5kmに及ぶ流路を35コに分割して、断面スケッチによる空間分析を行った。その結果、用水路は連続していながらも様々な固有の形態を有しており、乙川浸水域の堤防域との重なり等による［レベル差］、郊外ならではの広大な田畑と接する［視覚的広がり］、住宅や木々に周囲を囲まれた閉鎖的な［囲み］、水路にアクセス可能な［連続］の4つの類型が得られた。これらのマッピングにより主に連続的にみられた［レベル差］［視覚的広がり］［囲み］を大平川用水路の主な構成要素としてみなし、3つのSITEを選定することで大平における個別解としての用水路再編を試みる（図14-15）。

7-2. 設計

アンケート調査によって得られた【公共空地】のニーズを展開し、既存の生活動線を拡張していく線状の「水路敷公園」を計画する。住民ニーズとして得られた【地域コミュニティの向上】【子どものための空間】【生活利便施設】の3軸に沿った新たな暮らしの拠点を創造する。これら用水路を起点とした3つのSITEを中心として、人々の現在の生活と連動したエリアの体系的な地域づくりを目指す。

【SITE1】まちの記憶プロムナード

大平の歴史を語る紡績所跡地へと繋がるアプローチとして地域の記録をストックするギャラリー・ショップ、近隣の公民館と連携する町内会のための集会所を併設した。［レベル差］を生み出す石積み擁壁をファサードとして建築の一部とし、生じた開放的な建築空間は、新たな人々の親水空間として日常利用する住民たちと訪れた観光客が交わる憩いの場となる（図16）。

【SITE2】杜の水景ライブラリー

現在住民に親しまれている加良須神社隣地の雑木林を対象として、近隣中学校のサテライトライブラリー、子どもたちのための放課後児童館を提案する。木々に囲まれた［囲み］性を読書の場へと活かしつつ、視線の誘導により水辺への意識を向けている。子どもたちは用水路と学校を行き来し、用水路は日常的な学びと関心が得られる身近な存在となる（図17）。

【SITE3】展望農家レストラン

対岸からの流入を想定し、農家レストラン・作物販売所と近隣工場の廃材を再利用した体験工房とする。［視的広がり］のある豊かな風景を借景として建築内に取り込み、ピロティ空間は雨天時のみ流水する無水用水路広場と連続する。グランドレベルの延長にある空間が河川と町を繋げる集いの場となる（図18）。

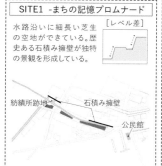  

図14 住民ニーズを基軸とした全体プログラム

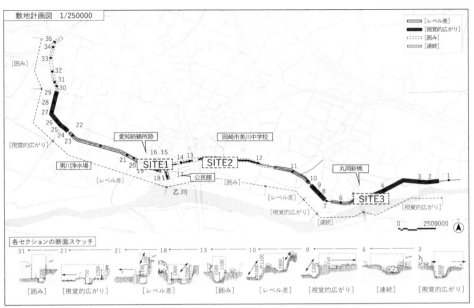

図15　断面スケッチによる分析結果と計画敷地

SITE1　まちの記憶プロムナード【地域コミュニティの向上】

地域住民や町内会が日常的に利用する拠点となりつつ、観光客や訪れた人々へ向けてイベント性を内包した空間づくりを行う。親水空間により両者が交わり、境界が曖昧な半外部・可変の建築は人々の主体的利用によって深みを増していく。

ギャラリー・ショップ ＋ 集会所 ＋ カフェ
〈町内会〉〈観光客〉〈地域住民〉〈散策人〉

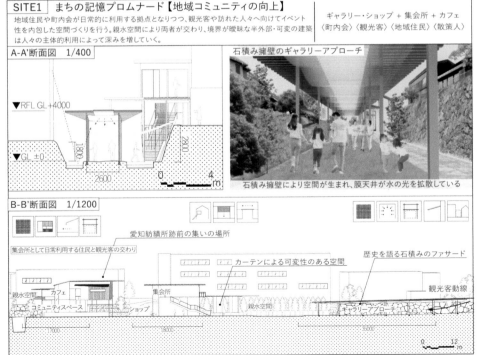

図16　SITE1【地域コミュニティの向上】の建築設計

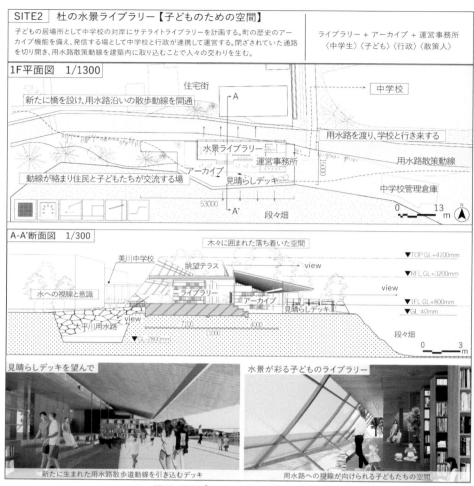

SITE2 杜の水景ライブラリー【子どものための空間】

子どもの居場所として中学校の対岸にサテライトライブラリーを計画する。町の歴史のアーカイブ機能を備え、発信する場として中学校と行政が連携して運営する。閉ざされていた通路を切り開き、用水路散策動線を建築内に取り込むことで人々の交わりを生む。

ライブラリー + アーカイブ + 運営事務所
〈中学生〉〈子ども〉〈行政〉〈散策人〉

1F平面図　1/1300

住宅街　　　　　　　　　　　　　　中学校
新たに橋を設け、用水路沿いの散歩動線を開通
用水路を渡り、学校と行き来する
水景ライブラリー
運営事務所　　　　　　　用水路散策動線
アーカイブ
動線が絡まり住民と子どもたちが交流する場
見晴らしデッキ　　　　　中学校管理倉庫
53000　　　　　　　　　　　　　　0　　13 m N
段々畑

A-A'断面図　1/300

木々に囲まれた落ち着いた空間
美川中学校　　眺望テラス　　view　　　▼TOP GL+4700mm
水への視線と意識　ライブラリー　　　　▼RFL GL+3200mm
　　　　　　　　　　　　アーカイブ　view
　　　　　　　　　　　　　　見晴らしデッキ　▼1FL GL+800mm
　　　　　　　　view　　　　　　　　　　　▼GL ±0mm
大平川用水路　　　　　　　　　　　　　段々畑
▼GL-2800mm　　0　　　3 m

見晴らしデッキを望んで　　　　　水景が彩る子どものライブラリー
新たに生まれた用水路散歩道動線を引き込むデッキ　　用水路への視線が向けられる子どもたちの空間

図17　SITE2【子どものための空間】の建築設計

【8】結論

本研究では、愛知県岡崎市大平の農工住混合地域において、現在人々の意識外にある歴史的な用水路をまちの共有資源と捉え、アンケート調査による住民のニーズの明確化・フィールドワークにより、周囲の要素との連携を生みながら人々の日常生活に拡がりを持たせる水辺空間の在り方を提案した。土地や地形と密接に関わり合う用水路にはその町特有の形態がみられ、地域の潜在的魅力を活かした空間の創造を試みることにより住民と

町を間接的に繋げると共に、人と水との多様な関係性を構築することが可能であると考える。また、土木構築物としての用水路は長い時間残り続けることに対して一長一短の両面性があり、農家や工場従事者などの利水を行う一部のユーザーだけでなく、地域資源としてまち全体の意識を促すことにより地域単位において持続可能な水利用が期待され、維持していくことで永く人々に心身の潤いを与える力が備わっているものと考える。

SITE3　展望農家レストラン【生活利便施設】

交通の要所に接地する敷地に対してレストランと廃材工房を計画し、町内外の人々が集うための展望建築とした。地域の自然資源と用水路の非日常的な表情を活かし、グランドラインでは日常生活の中の環境学習の場となるような一体的な親水広場とした。

農家レストラン + 食品販売 + 廃材DIY工房
〈農家〉〈工場〉〈町外住民〉〈地域住民〉

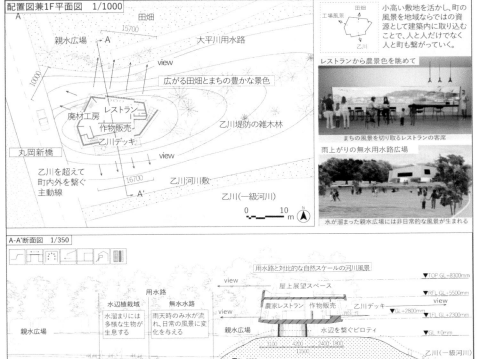

配置図兼1F平面図　1/1000

- 田畑
- 親水広場 → A
- 大平川用水路
- view
- 広がる田畑とまちの豊かな景色
- 15700
- 1000
- 廃材工房
- レストラン
- 作物販売
- 乙川デッキ
- 乙川堤防の雑木林
- 丸岡新橋
- 乙川を超えて町内外を繋ぐ主動線
- view
- 16700
- 乙川河川敷
- 乙川(一級河川)
- A'
- 0　10　m　N

小高い敷地を活かし、町の風景を地域ならではの資源として建築内に取り込むことで、人と人だけでなく人と町も繋がっていく。

工場風景　田畑　乙川

レストランから農景色を眺めて
まちの風景を切り取るレストランの客席

雨上がりの無水用水路広場
水が溜まった親水広場には非日常的な風景が生まれる

A-A'断面図　1/350

- 用水路と対比的な自然スケールの河川風景
- view
- 屋上展望スペース
- ▼TOP GL +8300mm
- ▼RFL GL +5500mm
- view
- 水辺植栽域
- 水溜まりには多様な生物が生息する
- 無水水路
- 雨天時のみ水が流れ、日常の風景に変化を与える
- 用水路
- 農家レストラン　作物販売
- 乙川デッキ
- ▼GL +2800mm
- ▼1FL GL +2300mm
- 親水広場
- 水辺を繋ぐピロティ
- ▼GL +0mm
- 3100　4200　2400　1800
- 11500
- 乙川(一級河川)
- ▼GL -2600mm
- ▼GL -3800mm
- 非日常的な風景を生み、環境学習の場となる
- 0　3.5　7　m

図 18　SITE3【生活利便施設】の建築設計

Model Photo

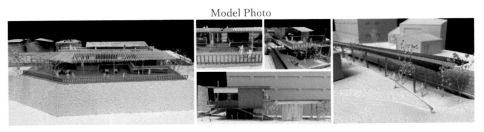

【注釈及び参考】

1) 写真（左）,岡崎市都市計画課「岡崎いいとこ風景ブログ」2023.01.21/ 写真（右）, 鈴木喜七 (1988)「水車紡績から発達した西三河のガラ紡史」

2) 「岡崎観光きらり百選」では観光資源として岡崎市内の紡績遺構を選定。

3) 岡崎市立男川小学校 校長名倉昭人 (2000)「郷土誌『男川』」

4) 5 段階の印象評価より加重平均値を算出。

巡り巡るまち

—新たなまちづくりとしての「まちやど」、
「アルベルゴ・ディフーゾ」の現況分析およびまちづくりの今後の展開について—

1、序論

1-1 研究背景

　私たちが生活している静岡県でも掛川や浜松など地方都市では商店街のシャッター通り化や過疎化、コミュニティの衰退など様々な課題がある。このような現象が日本全国でみられる中で、首都圏集中型の国づくりから地方分散型の国づくりを進めていこうと変化している。2014年の「地方創生」、2011年の東日本大震災を経て首都圏と地方を頼り、切っても切り離すことが出来ない関係が明らかとなった。そして、地方都市が衰退していく中でスマートグリッド化という考え方が出てきた。地域がグリッド化されその地域ごとに電力を賄っていくシステムである。代表的なものとして地域のものを地域内で消費する「地産地消」はまちが持っている独自性を見出す。また、これは人を集めることで定住者や観光客を確保し、ツーリズムに繋がっていくと考えられる。

1-2 目的

　本研究では、まちづくりにおける時代の流れと空き家の増加の2つの流れが並行して進んでいることから、まちを再生させるために、まちが持つポテンシャルを観光材料の1つとすることが可能であることを示していきたい。これを「まちやど」と「アルベルゴ・ディフーゾ」（以下AD）の手法に基づき、事例を分析することで今後のまちづくりの在り方を示すことを目的とする。

1-3 仮説

　「まちやど」や「AD」は、フロントや客室、食事処、浴場など本来1つの建物に集約しているはずの機能がまちに分散していることで、従来のホテルと比べて人やまちとのネットワークが重要となる。よって、人やものをまちで「循環」させることにより成り立つと考えられる。また、まちの特徴によりまちづくりの方向性や形態は異なり、事例の分析を経て「まちやど」を実現するための手法化が必要である。本研究によって「将来のまちづくりの指標に繋がる知見を得る」事が期待される。

2、まちづくり概要

2-1 空き家を活用する「まちやど」と「AD」

　「まちやど」とはまち全体を一つの宿と見立て宿泊施設と地域の日常をネットワーク化させ、まちぐるみで宿泊客をもてなすことで地域価値を向上していく事業（*1引用・図1）のことである。

*1・図1. 従来のホテル（左）と「まちやど」（右）のイメージ（日本まちやど協会HP）

2-2 まちやどの普及

　2017年6月「一般社団法人日本まちやど協会」が設立され、現在（2021年10月）このまちやど協会には計22件が登録されている。「住宅宿泊事業法」（民泊新法）（2017年法律第65号）が施行され2015年から創業が集中する結果となった（図2）。

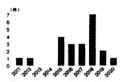

図2　まちやどの創業件数推移

2-3 アルベルゴ・ディフーゾについて

　ADは1970年代にイタリアで震災復興を目的として生まれ、イタリア語でアルベルゴは「宿」、ディフーゾは「分散」という意味をもつ。地域の廃屋や空き店舗をリノベーションし、様々な機能を複数の棟に分散させることで町全体を1つのホテルとして考えている（図3）。

田中 葵
Aoi Tanaka

静岡理工科大学大学院
理工学研究科 システム工学専攻
田井幹夫研究室

従来のホテル 集約

AD 分散

図3 従来のホテル（左）と AD（右）のイメージ
（AD ジャパンオフィシャルサイト）

3、研究概要

事例として現在日本にある「AD」1件と「まちやど」22件の計23件を対象とする（表1）。

表1 対象としている「AD」と日本まちやど協会に登録されている「まちやど」

No.	事例名	所在地
1	矢掛屋INN AND SUITES(AD)	岡山矢掛町
2	ホテルヌプカ（「以下まちやど」	北海道帯広
3	SMALL TOWN HOSTEL Hako	北海道函館
4	meinn	宮千花葉
5	hanare	東京谷中
6	シーナと一平	東京根本木町
7	ちゃぶだい/Guesthouse,Cafe&Ba	埼玉川越
8	上州富岡、まちのお宿	群馬富岡
9	真鶴出版	神奈川真鶴
10	guest house MARUYA	静岡熱海
11	HOUSEHOLD	富山水見
12	BED AND CRAFT TATEGU-Y	富山南砺
13	喫茶、食堂、民宿、なごのや	愛知名古屋
14	LOBBY	石川山中温泉
15	古民家の宿 幸恵庵	京都西舞鶴
16	紀寺の家	奈良紀寺
17	Sana Inn Town	和歌山真田崎
18	AREA INN FUSHIMICHO FUN CASTLE SIDE	広島福山
19	仏生山まちぐるみ旅館	香川仏生山
20	門司港ホストヴィルポルト	福岡門司港
21	ホステル&ダイニングタンガテ	福岡小倉
22	ユテラおおすみ海の学校	鹿児島鹿屋
23	アジヤホステル	鹿児島薩摩川内

3-1 手法 1（現況分析）

全23か所を対象に文献調査（各まちやど公式サイト・まちやど配布地図・国土地理院地図・新建築など）を基盤に以下①～③の調査を行った。
①立地やまちの歴史を調べることで、「まちやど」がまちのどの部分に依存しているのか、【まちの特色タイプ】の検討を行う。A 交通拠点型、B 商店街型、C 歴史型、D 自然型、E 歴史・自然共存型の計5つに分類出来た。
②「まちやど」HP や「まちやど」で配布されているマップ、国土地理院地図より宿泊施設とレセプション【中核施設の位置関係】を調査する。ここでは、1.レセプション多分棟型、2.レセプション・宿泊一対一対応かつ一体型、3.レセプション・宿泊一対一対応型、4.レセプション・宿泊一体型の計4つに分類出来た。
③「まちやど」が含まれている範囲の地図を国土

地理院地図より「まちやど」の形態として抜き出し、関係をダイアグラム化することで【分散形態】を把握する（図4,5）。ここでは、1.放射分散型、2.直線型、3.積層型、4.機能集約型、5.積層かつ放射分散型の計5つの型に分類出来た。

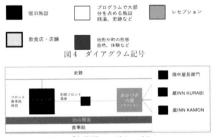

図4 ダイアグラム記号

図5 「矢掛屋」のダイアグラム

また、まちのダイアグラムをつくる前に地図を分析するため、要素を抜き出し、地図上にプロットした。プロットする内容と図形は以下の通りに設定した（図6,7）。内閣府の「歩いて暮らせるまちづくりに関する意識」の調査結果を参照し、「まちやど」から半径500mを基準として国土地理院地図より抽出し縮尺1/5000、用紙上部を北とする。

図6 「まちやど」地図における記号

図7 「まちやど」地図の「矢掛屋」記載例

3-2 手法2（指標作成）

　まちづくりに繋がる判断のため、指標内容として No1 〜 9 を作成した（表2）。まちづくりの評価指標を選定。「賑わいの創出」、「コミュニケーションの活性化」、「自然との共存」、「事業継続性の向上」などをテーマとした。

手法	No.	調査項目	1矢掛屋	2ホテルヌプカ	3SMALL TOWN HOSTEL Hakodate
手法1		まちの特色タイプ	C歴史	D自然	E共存
		中核施設位置関係	多分棟	一対一対応	一体
		分散形態	直線	放射分散	放射分散
手法2	1	歴史的町並み	○	×	○
	2	自然介入	○	○	○
	3	体験施設	○	○	×
	4	宿泊棟の分散	○	○	×
	5	空き店舗改修有無	○	○	○
	6	まちの人口の増加率	×(7.1%減)	×(2%減)	×(11%減)
	7	観光入込客数増加率	○(25%増)	○(9%増)	○(0.3%増)
	8	新築着工件数	×(1.2%減)	○(3.7%減)	○(4%増)
	9	空き家率	×(10%増)	×(4.1%減)	○(2.4%減)
		創業年	2015年3月	2016年3月	2017年12月

表2　評価表（事例1~3抜粋）

3-3 手法3

　文献調査から、関係性や考え方が重要であると分かった、「ヒト」・「コト」・「モノ」の3つの軸を中心に分析を進め、タイポロジーの結果を選定してまとめていく（グラフ1）。「ヒト」の評価として手法2の「まちの人口の増加率」と「観光入込客数増加率」をピックアップし、○を得ると各2目盛り。「コト」の評価として手法2の「歴史的町並」と「自然介入」に注目し○を得ると各2目盛り。「モノ」の評価としては手法1の「分散形態」に注目した。ここでは「放射分散型」4目盛り、「直線型」「積層かつ放射分散型」3目盛り、「積層型」「機能集約型」2目盛り、その他1目盛りとする。また、全ての項目において、×であれば目盛りの加点は無しとする。

3-4 手法4（現地調査）

　表1より、No10の「ゲストハウスマルヤ」とNo13の「なごのや」で、実際に宿泊体験をしながら、「まちやど」で働く人・宿泊客・地元の人に話を伺った。働き手や客層、コンセプトやまちに対しての開き方に違いが見られた（表3）。

	「guest house MARUYA」	「なごのや」
働く人	20代〜30代	20代〜30代
客	20代〜30代	20代
コンセプトその他概要	まちめぐりの拠点　熱海の日常　宿・カフェ	円頓寺商店街の交流場　客層を見極めた宿づくり　宿・喫茶店
形態	・料理の提供無し　・温泉地　・8割が日本の客　・アドレスホッパーの需要が高い　・「人対人」の関係を重視　・宿とカフェが全てワンフロア。　→まちとの距離が近く感じる。　ゲストがまちに繰り出して行きやすいプログラム。活動範囲は1000m程度。	・料理の提供あり　・歴史的街並　・日本人、20代女性。1人の利用　・喫茶店同士でネットワーク。　・宿、共有ラウンジ共に2階の利用で、宿内での滞在時間が長い傾向。アクセスできる観光地が多く、ネットワークが広い。

表3　現地調査内容

4、事例調査

　手法1〜3を23ヶ所全ての事例に対して行いまとめた。以下内容抜粋（表4）。

対象地	No1　矢掛屋	No5　Hanare
調査結果	・人口 1.4 万人　・駅から徒歩 10 分　・「いらっしゃいませじゃなくお帰りなさいの宿」　【依存】歴史型　【分散】直線型　【運営】旅館会社主体　・レーダー：まちやどDタイプ	・人口 8000 人　・駅から徒歩 5 分　・「まち全体がホテル」　【依存】歴史型　【分散】放射分散型　【運営】設計事務所主体　・レーダー：まちやどAタイプ
概要	半径 200 m 以内に分散し、旧山陽街道に沿うように分散している。旧山陽道に見られる街並みや、蔵造りの建物が立ち並び、歴史的な街並みが残る。プランとしては歴史博物館や建築家が繋がっている。	谷中という歴史的な街並みが残るコンパクトなまちに位置している。歴史施設や銭湯とプランとして繋がりあり、西側を取り囲むように広がる。主に北側に飲食店が分散している。宿泊以外での食事は外。

表4　事例調査内容（No1、5）

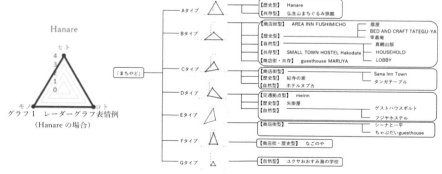

Hanare

グラフ1　レーダーグラフ表情例
（Hanare の場合）

グラフ2　「まちやど」レーダーグラフタイポロジー

5、分析

5-1 まちづくりの時代変遷

日本のまちづくりの時代変遷をまとめた（表5）。宿泊形態が機能集約型→点在型→歴史型→地形環境型→分散型に変化していることが分かった。また、スクラップアンドビルド型→ストック型→ツーリズム型→リノベーション型→ワークショップ型→循環型というように時代の流れに沿って、観光客とまちや地元の人々と距離が近い、地域密着型のまちづくりへと変化している。

5-2 立地から見る「まちやど」、「AD」

立地については、アクセスの良い場所に位置していることが多い。「まちやど」は半径約500m〜半径1000mの間に分布しており、内閣府発表の歩いて暮らせる範囲と丁度重なる規模感にあるという結果を得た。また、「レーダーグラフ」では、7つの「まちやどタイプ」（グラフ2）を作り出すことが出来た。

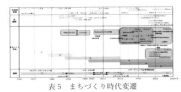

表5　まちづくり時代変遷

6、考察

汎用性を高めるため、静岡県掛川市において手法1、手法2をもとに得た情報から手法化の実践を行った。「まちやど」を作る際には「なごのや」が参考になるという結果を得た。レーダーグラフタイポロジーを逆引きすることで、現在運営されている「まちやど」を参考に新しいまちづくりの方向性を考えることが可能である。「まちやど」は人やモノをまちの中で「循環」させることによって成り立つ。このようなまちづくりの総称として「循環型まちづくり」と呼ぶことにする。「まちやど」や「AD」からなるまちづくりは「循環型まちづくり」と言えるだろう。

中間発表 講師コメント

福屋 粧子

長期的に見てまちをデザインしたいのであれば、その地域の空間のリソースをまち全体から拾い集め、責任感を持ってまちのパタンランゲージをもう一度構成してみてもいいかもしれません。また、もっと自分ごととして考えると、ぐっと解像度が高まります。どこでチェックインをして、どこで寝るかまで考える。隣接関係とか、ずっと同じ部屋にいると退屈だから少し離れたところにある水辺を見ながら仕事をしたいとかも考え、「まちやど」の滞在体験の解像度を上げると良い計画になるかもしれません。

藤村 龍至

想像が経験を超えることもあると思います。そして一度経験すると、それを普通に考えられるようになる。それを伝えるための説得力としては、絵力が大事だと思います。

7、建築計画

7-1 プログラム

　現在研究室において様々なプロジェクトが進んでいる、静岡県掛川市の商店街を対象地として城下町の再生を提案する。

　本研究で調査を行った「まちやど」の思考を基盤にプログラムを構成する。「まちやど」における、人や物事を循環させるシステムをつくりながら、既存のネットワークを活かした持続可能なまちづくりを目指す。

　現在の掛川商店街の特徴としては、シャッター通り化が進み、高齢者や若者にとってとどまることができる場が少ない。また、飲み屋が多く、朝から昼にかけて開いているお店がほとんど無い。町をあげたお祭りは40町以上が参加する大イベントで、普段人通りが少ない商店街が人で溢れる。

7-2 コンセプト

　人々は祭りを通して日常生活の平穏と町の繁栄を神に感謝し、改めて祈念する。年齢をこえて住民間の交流を図ることによって、人々がこの地域で暮らすことを実感し合う。本設計では「祭り」(写真1)という元あるネットワークを活かして商店街をさらに繋げる。

写真1 「掛川大祭」徹花の様子

7-3 ダイアグラム

　現在駐車場および空き家となっている全9ヶ所(敷地面積 244~791 ㎡)を対象地としているが、設計コードとして、アーケード側を生業、背面側を住居としている「うなぎの寝床」的奥行きの長さを活かして、通り庭や前庭を設けることで循環性のある流れを作る。また、祭りで使用する屋台

を収納しておく屋台小屋を活用していく(図8)。現在の屋台小屋は各町の公会堂の近くにそれぞれあるため、町民が集まったり、作業スペースとしてそのまま利用できるようにしておく。新しくつくる屋台小屋には宿泊施設は観光客の人々が気軽に利用出来たり、祭時に町民が集う場所となる。

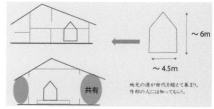

図8 屋台小屋複合に関するダイアグラム

7-4 全体計画／ネットワーク

　「掛川大祭」において三大余興の1つである、仁藤町の「大獅子」、瓦町の「かんからまち」、西町の「大名行列(奴道中)」が町や商店街を練り歩く際の経路を基に商店街における「まちやど」のネットワークを計画した(図9)。また祭時や日常生活における人々の動きの洗い出しを行った(図10)。

図9 「まちやど」を利用する際の観光客に対する
各施設のネットワーク

図10 祭時における地元の人々や観光客の流れ

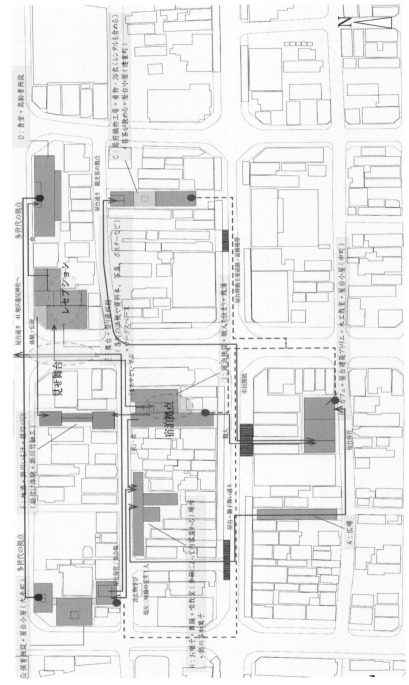

図 11　配置図兼ネットワーク図

7-5 各敷地詳細計画

図面は全て S=1/800 とし、ページ上部を北とする。敷地として A~I までの計 9 か所を計画した。そのうち 3 か所を抜粋し、提案を記載する。

写真 2　敷地 E 模型写真

図 12　敷地 E の平面図、断面図、立面図 S=1/800

敷地 E

舞台＋祭り資料館（各町の法被や、資料本、写真、ポスター等）＋ワークスペース

祭りに関してフロントとなる場所。「掛川大祭」の祭り広場が向かいにあり、祭りの出し物を見る際の客席となったり、「まちやど」におけるレセプションとなる（図 12, 写真 2）。

写真 3　敷地 H 模型写真（前面道路から縁側を見る）

敷地 H

お囃子、舞踊、唄教室＋掛川茶カフェ

祭りの出し物から派生した場所となっており、お祭りの「楽」の部分を学び、楽しむ居場所。前面道路に縁側を帯状に巻くことでまちの土間的空間を目指す（図 13, 写真 3）。

図 13　敷地 H の平面図、断面図、立面図 S=1/800

敷地 G

保育施設＋屋台小屋（大手町）＋広場

まちに住む小さな子供達の居場所。

まちの屋台小屋と広場を共有する。

（図 14, 写真 4）

写真 4　敷地 G 模型写真

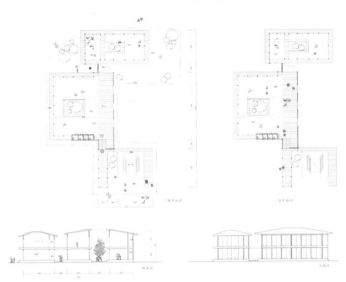

図 14　敷地 G の平面図、断面図、立面図 S＝1/800

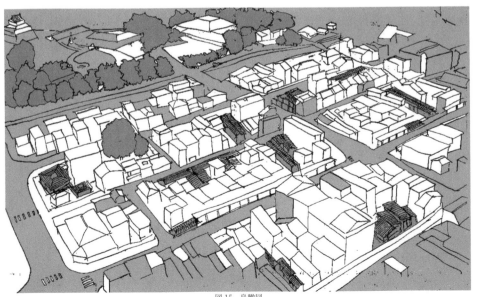

図 15　鳥瞰図

DISCUSSION

Group C

講師
曽我部昌史
宮本佳明

アドバイザー
竹山聖

C-1　東明里
C-2　西川裕知
C-3　井上玉貴
C-4　松原成佳
C-5　上山貴之

C-1　東明里

一宮せんい団地における
業種変遷および
団地活性化計画

東：敷地の補足として、昔は繊維業が盛んでしたが、今は繊維業が廃れて交通のアクセスも悪いため、敷地調査をしている時に写真を撮っても映り込む人がおらず、マルシェやイベントの時だけ人が来るような場所になっています。「昔は成功していたけれど、今は失敗した団地」と言う人がいますが、ここの建築事務所の人が団地を盛り上げようと、別の建物を借りてカフェを開くといった取り組みなどがされています。団地をポジティブに捉えている人とネガティブに捉えている人がいるため、どちらの意見も取り入れるのは難しいです。

曽我部：提案する立場として、「このように変えることで、この地域は将来このように良くなる」ということをしていくわけですよね。つまり、このような場所があれば、交通の便が不便だとしても住みたいと思わせる場所づくりが必要になります。

宮本：この団地は全体をこの形として特に変更もなく一発で完成しているのですか？

東：まとまりとして一応1975年で完成しています。

宮本：ゼロからつくるなら、団地でこのようなつくり方はしないですよね。こんなにたくさん道路を通すのはなぜですか？

曽我部：なぜでしょうね。もともと田んぼだったのだろうけれど。

宮本：東西に長いブロックの中央に背割り的に道路が入っていますよね。ここは他と使い方が違うのですか？

東：店の表側と裏側で少し変わっていると思います。表裏という配置計画で、こちらが表、こちらが裏で、駐車場として搬出入などに使われています。

宮本：なるほど、住宅ではないから南北は気にしていないわけですね。そういう分析の話はあまりしませんでしたね。敷地をつぶさに見ていくと、そういう不思議なところが見つかりそうです。人通りがないと言っていたけれど、その背割りの所の人通りは、より少ないのですか？

東：そうですね。

宮本：なんとなくわかってきたけれど、だいぶ変ですね。それぞれの敷地が南北に接道している場所はなかなかないと思います。極端な話、一本おきに道路を廃止にするか、緑道にしてもいいのではないでしょうか。

曽我部：歩行者の道を整備する目的などのため、裏側の道がこれほど広いのは珍しいです。イギリスのタウンハウスでも裏側の道が見られるところがあるけれど、ゴミ収集車がギリギリ入れるくらいの幅になっています。問題はここで何をするか、

どのような筋書きで進めるかです。

東：今はせんい団地内での業種の変遷を調べていますが、そこから設計への繋ぎ方が難しく、全体として計画するかは、まだ決められていません。話を聞いた中では、一つ建てただけでは変わらないと伺いました。

宮本：丸ごと住宅地にすると面白い気がします。新築一つではまちを変えられないので、すべて建て直してもいいし、一部新築にして一部リノベも考えられます。既存の道路のシステムがとても面白いので、それを利用した住宅地はあり得るかもしれません。曽我部さんが言うように、背割りのラインが歩行者専用となった時に、北側から面している住宅と南側から面している住宅があるので、デザインが異なってくる。そして緑道のラインを引っ張ってゆくと必ず公園にぶつかる。どうしてこれほど公園が必要だったのでしょうか？

東：ここでは羊を飼っていて、羊のための公園でした。

宮本：すごいですね。養羊のためのコンビナートですね。

東：人が利用する公園はこの３つでした。

宮本：毛織物業の再興は無理ですか？ 岡山県でデニムをつくっているように、ここでも国産としてつくって、一大聖地のようにできるといいですね。

東：それも一つの案として考えてみます。ブランディングのようなことですよね。

曽我部：都市と農村というか、暮らしの共存、繋ぎ方のようなものを感じますね。

宮本：クロード・ニコラ・ルドゥーの「アル＝ケ

＝スナンの王立製塩所」を知っていますか？ 18世紀につくられた理想の工業都市ともいえるもので、製塩所を中心として半円形に住宅や浴場などが取り囲んでいるものだけど、それを思い出しました。ここにユートピアとも言えるようなものをつくる、それくらい大きなことを言ってもいいと思います。

C-2 西川裕知

モダニズム建築の適応型再利用手法
――大阪府立総合青少年野外活動センターを対象として――

西川：これまでのセッションの中で、事業主体をもっと明確にすることと、事業収支性よりもっとロマンティシズムがある提案のほうが良いので、もっと特定の方向のストーリーを思い描くといいという指摘をもらいました。

曽我部：どのような用途の想定をしていますか？

西川：サテライトオフィスと宿泊の複合にしようと思っています。機能としては定着性があるものがいいかもしれません。宮本先生、曽我部先生からは、遊歩道との関係が大事であること、新名神高速道路との関係なども大事だという話をいただきました。また、この建築が機能主義的で周囲の自然によって形づくられたのに対し、幾何学的な

僕の人為性が入ったストーリーがあるともっと良くなるというのと、この建築にどう愛着を持たせるかを考えるよう、全体のエスキスとして指摘をもらいました。

曽我部：宮本さんから指摘があった、高速道路との関係や遊歩道が巡っている池があるという話は、この建物が現状で持っている強みになり得る背景だと思います。これは建築単体ではなく、建築周辺に価値を繋げられる要素があるため、それをベースにしたうえで提案しないと損してしまいます。いいことはなるべく利用しましょう。最終的には事業提案ではなく、修士設計で建築の設計をするんですよね？

西川：はい、建築の設計として、改築、改造を考えています。

曽我部：我々としては、なるべくこのまま残してほしいですが（笑）。

西川：形態を保存するより、それらを生かしてどんどん更新し、時代に合わせていくのが重要だと思っています。

曽我部：そういう考え方なのであれば、どのように設計するか、形の提案を出してほしいですね。

宮本：耐震補強もすると言っていましたよね。仮に耐震診断をすると、どこが弱そうですか？　イメージを持っていないと、どこを補強すればいいのか見えてこないと思います。

西川：そういうのは目視でチェックできるのですか？

宮本：実際には構造計算します。そもそも外側はRCで、屋根のみ木なのですか？

西川：屋根は木です。でも周囲はRCで、こちらの小さいほうはすべて壁式です。

宮本：つまり、RC構造だけれど、キャンチで柱が立っているということかな？　底盤はがっちりと固め、屋根は置いてあるだけとなると、やはり柱が弱いのかもしれないね。耐震補強は目的ではなく、デザインするためのチャンスです。仮に柱が弱いなら、柱をどう補強すればかっこよくなるか考えるべき。下手に設計すると、柱と柱の間にブレースを入れて終わってしまいそうです。

西川：宮本先生は「『ゼンカイ』ハウス」を設計する際は、どのように考えたのですか？

宮本：これだけ大量に鉄骨を入れておけば大丈夫だろう、と考えていました（笑）。先ほど、このプロジェクトの事業計画に栗を取り上げていましたよ

ね。ここは栗が有名で、幼稚園の時に栗拾いに行っていました。母がここの栗が大好きで、命がけで渋皮を剥いていました（笑）。栗のブランド化ができますね。

曽我部：栗材を古木や建材に活用できるかもしれませんね。栗材は非常に水に強く、硬いけれど特別な場面で使えます。外構の床などにも使えます。

西川：木であるのにですか？

曽我部：そうです。最近は見ないけれど、昔はブロックになった栗の木が公園などにどっさりありました。

西川：本設計とは関係ありませんが、修士設計自体の立ち位置についてどう考えているか聞きたいです。もっと自由にとか、もっとリアリティを持ってなどと言われます。実務と設計課題の中で、どの位置づけで考えたらいいのでしょうか？

宮本：それはテーマ次第になります。ものすごくリアルでないと成り立たないものがあるのに対し、リアルであることがほぼ意味のない設計などもあります。その場合は、ある程度のリアリティがないと面白くならないと思います。

竹山：私の意見ではないけれど、修士設計の位置づけについて倉方俊輔さんが以前、「卒業設計は勢いでやってもいいけれど、修士設計からは論理的につくってほしい」と話していました。

曽我部：論文に代わる位置づけとして要求したいくらいですかね。現在、論文と設計のどちらかを選べるようになりつつあるのは大学論文くらいですが、かつては、修士も論文でないとダメでした。

宮本：だから、みんなが分析から入るのでしょうね。

西川：「論理的に」というのは、分析が最終成果物にどう影響されるかということですか？

宮本：ある理由があって、「そこからこの設計ができた」という一連のストーリーが必要です。東京理科大学では、小嶋一浩さんが導入した方法で設計を論文調にまとめていましたが、今はどうでしょうね。

西川：そういう意味で、耐震についてどこが悪いかをきちんと考えないといけないのですね。

曽我部：君が扱うのは有名な建築家が残した、現状のままだと失われるリスクのある建築だから、なおさらそれらが重要です。

宮本：現在、村野藤吾の設計した「八幡市民会館」は、改修のための実施設計が大詰めですが、知っていますか？

西川：調べました。

宮本：現在、東畑建築事務所と組んで実施設計をしています。先ほど話に出た耐震補強が必要であ

ることに加え、埋蔵文化財センターとして、改め
てデザインしないといけないところは結構ありま
す。その時に、村野さんがどう考えたかを考える
のはよくない。昔、村野さんの事務所にいた番頭
さんが、村野さんより村野さんらしい設計をすると
言われていました。しかし、村野さんが亡くなって
からその人が引き継いで仕上げた建築が、いまい
ち良くない。だから、そういうことも考えながら設
計しないといけない。

西川：設計者の坂倉準三がどう考えたかは考えな
いほうがいいですか？

宮本：考えないほうがいいと思います。難しいで
すよね。でも、当初の設計者ならどう考えるかで
はなく、現代、そして未来、ここにしっくりくる
新しいデザインを考えないといけません。

曽我部：横浜にある「横浜地方気象台」は歴史的
な建築ですが、近年、安藤忠雄さんが増改築しま
した。その際に安藤さんは、もともと建っている
建物の規模感で同じ納まり、同じ仕上げにしてい
ましたが、安藤さんはこれを発表しないことにし
たのです。一方で安藤さんは、上野にある「国際
子ども図書館」の改修では、レンガの建物にガラ
スのエントランスを突き刺すようなことをしてい
ました。こういう対比的なもののほうが良い建築
になるのかもしれません。

『住宅特集』などで見られる事例と同じ取り組みの
まま建ってしまいました。それらの新しい建ち方
を模索するという点で、得られた傾向の外側のよ
うなものを模索したいです。

宮本：プロジェクト自体に違和感があるというか
面白さがあるというか（笑）。住宅のリノベーショ
ンを修士設計としている点で、その面白さを語ら
なければなりません。その際に、お父さんが重要
な要素になると思います。単なる住宅のリノベー
ションではないはずなので、そこを大いに語って
ください。

井上：これまでの傾向として住宅を改修する時は、
構造や環境面から解決するアプローチの仕方が多
かったです。アクターネットワークの事物連関図
を作成し、ここにどのような人が関わるかをプロ
セスの一つとして捉えるよりは、照査した繋がり
方をそこで完結させず、状況によって、特に地方
の郊外が短いスパンで変わってきています。空き
家が増えたり田んぼが埋め立てられたり、変化が
意外と多い場所でその変化に追従できるような建
築が改修によってできるのではないかと考えてい
ます。

曽我部：お父さんは本計画をどう思っているので
すか？

井上：面白いと思ってくれています。

C-3　井上玉貴

連関を再編する住宅改修の詩学

井上：今回の建築操作として、研究で得られた空
間構成の傾向を4つ類型化し、その類型から建築
を建てる方法をファーストスタディとして取り組
みました。しかし、エスキスの中で『新建築』や

曽我部：うまくいけば、リアルにできる可能性があありますね。

井上：むしろリアルにやるために実施設計をしています。

曽我部：それならリアルにやるために詰めていけばいいのでは。今は、なんとなく改修の作法についてリサーチをベースにやっており、具体的な内容としては家族内の人間関係の整理しかしていません。

宮本：空気的に外部空間でもそういう使い方ができそうですね。なんだか面白そうな気がしてきました。

曽我部：屋外を増やしても見本にならないし、外との接点はそういうところのほうが取りやすいですからね。ほぼフラットなので、断面図を描いたほうがわかりやすいと思います。

井上：どのレベルもフラットです。濃尾平野のため、かなり広範囲にわたって平らです。

宮本：南側の駐車場のようなところは何ですか？

井上：駐車場です。自営の事務所で、借りている土地になります。

宮本：では、そこも一緒にデザインしないと。

井上：借地に関しては対象外にしてほしいと父から言われました。隣も権利がないためデザインしていません。でも、そういうのも面白いのではないかと個人的には思っています。この講評会でいただいた指摘として、一つの建物に手を加えただけでまちを動かすのには限界があるのではないかという話がありました。個人的には一つだからできるし、戸建てにこだわったのです。

C-4 松原成佳

遊郭建築と看板建築から
思考する
シェアハウスショップの提案

松原：対象敷地を中村遊廓に設定したのはいいですが、自分の中で軸がずれ始めていると感じています。装飾が建築の本質であるという仮説を立てていて、こういった装飾に機能を持たせることでまちが活性化するのではないかという装飾の軸と、中村遊廓での平面計画のシェアハウスとしての軸があり、どちらをやりたいか、模型制作時にも考えていました。看板という装飾を付け替えることで別のまちに変身する機能と、中のショップ形態が変わって看板も変わることで、違うまちをつくっていく変遷のようなものをやりたい。ただ、それが中村遊廓である必要性はあるのかをずっと問題視しています。

曽我部：自分としてはどちらがいいのですか？

松原：私は現段階ではどちらも大事だと考えています。遊郭という風俗のマイナスなイメージと、屋外広告物である看板の雑多な感じも、一つの日本の風景をつくり出しているような気がしていますが、そういうマイナスなイメージを壊したいという想いもあります。

曽我部：両立できないことではないけれど、中村遊郭を題材にするのであれば、中村遊郭が持って

いた建築としての特徴は無視しづらいですよね。空間構成にしても、装飾を含めたいろいろなつくりの有り様にしても、非常に魅力的に見えて悪くないと思います。どちらかというとブリコラージュ的というか、行き当たりばったりでいろいろなものが混ざりあった結果として生み出された、濃密な存在感のようなものがありますよね？ おそらく、そういうのが好きなのだと思います。それを中村遊廓と無関係に発生させてしまうのであれば、ここでやる必要はないと思います。中村遊郭の空間観や装飾の有り様などを上手く利用し、そこに発展させるのであれば、それは関係づけられると思います。今の説明では、中村遊郭は装飾の問題と言って、それ以外のすべてを切り離していました。そうすると、中村遊郭でやる必要がない話になると思うので、中村遊郭の建築の有り様をもう少しきちんと受け止め、いろいろな側面を考えるべき。そうすると、それを発展させることができると思います。平面で気になるのは、中村遊郭の中庭がどういうものか知らないけれど、基本的には遊郭の中庭なら外の世界にあまりオープンになっていなかったと思うのです。今の敷地のつくり方では、2面接道の接道側に中庭が開いていますよね？

松原：はい。

曽我部：そこが、かつての中庭の有り様とはずいぶん違う気がします。

松原：違いますね。

宮本：防火壁というのが中村遊郭の最大の特徴ではないかな。このような面白い風景はなかなかないと思います。

曽我部：今も残っているのですか？

松原：一つだけ残っています。

宮本：目立つのはこれのみだけれど、この存在感を無視するのですか？

松原：防火壁は防火壁として、一番の着眼点は遊郭建築の平面プランで、あとはファサードの看板建築を主としているので、都市計画的なものも面白くなる敷地だと思います。今は13軒ほどしか残っていないけれど、かつては遊郭建築の画一化された街並みのようなものが広がり、400軒くらいあったのが取り壊されてしまったので、それを再興するという意味で、防火壁というより平面プランなど、建築の成り立ちのようなものを着眼点としています。

宮本：でも、一般的には建築と建築の間に隙間を取るのに、この防火壁があることで、バックトゥバックで建物が建っています。その面白さをなぜ使わないのでしょうか。一方で、敷地境界線からのセットバックが全くないのは法律上おかしいです。ついでに言うと、私は以前、同じようなものを名古屋の那古野で見つけました。今、学生が卒論の対象にしています。

曽我部：先日、ドイツからの交換留学生と一緒にまち歩きをした際に、建物と建物の間にどうして隙間があるのかを聞かれました。つまり、ドイツの建て方の習慣でいくと、隙間がないのが当たり前であり、日本的な習慣で空けていたということですね。

曽我部：そういう話と、ファサードの看板建築の話は並立しますよね。

宮本：どこか変ですよね。こちらの壁で規定されてファサードを貼り付けるとなると、中身は何だろうか？

曽我部：最初にコンクリートの壁をつくってから建てたということですよね。いまひとつ、このような存在の面白さが共有しきれていないのかもしれない。建築をたくさん見たり設計したりすることを重ねていくと、こういう建築を見たらより共感しやすくなっていきます。だから我々にとっては、普段とは異なる見たことのない存在感のものになります。それには何か理由があり、普段見たことのない存在感のものが目の前にあって、その理由がなんとなく見えてくるのはとても面白いことだと思います。その規模が非常に大きくなり、社会的背景が明確になると、土木遺産などに認められていくけれど、そこまでには至らない。でも、何かがあるということです。

竹山：それはとても面白いと思うけれど、所有権はどうなるのでしょう。周りに全部囲いがあり、領域が決まっているので、ゼロの敷地を共同所有するのかもしれないけれど、全体を計画できる人がいたのかもしれません。

曽我部：その人が、隔壁だけ最初に建てたのでしょうね。

竹山：1箇所を超えても隣に移らないように、い

くつか分割していたのかもしれない。もし小さな敷地だったなら、隣との境界にそれ程建てるとは考えづらいです。

竹山：だから、所有権がどうなっているかが気になります。

松原：所有権はわかりませんが、栄にまず遊郭のようなところがあり、そこから移転したのが中村遊郭なのです。1923年に一気に立ち上がったのですが、管理者はいるはずです。

宮本：意外と新しいですね。

曽我部：では明日、法務局に確認ですね（笑）。先日、RIAのまちづくりに関する本（『RIAが建築で街をつくりはじめて』建築技術）が出たので読んだところ、駅前開発の非常に先駆的なプロジェクトを手掛けており、大阪府の河内小阪での開発では、もともとの土地所有者の区画のラインに合わせて壁を建て、駅前ビルをつくったと書いてありました。つまり、所有者と所有者の間のオンラインに壁を建てたと書いてあるけれど、その所有権はどうなるのか、私も読んだ際に疑問に思いました。おそらく共同所有にして一括でビルにしたのだと思います。敷地境界の角に柱があったのです。

竹山：京都の町屋は二枚建っていますよね。

宮本：だから、町屋の場合は、片方壊しても、もう片方の壁が残るのです。

都市型航空交通インフラの研究
及び設計提案

宮本：一体どういう状況の時に高層建築を減築しなくてはいけなくなるのでしょうか？

上山：本当は高層建築を建てたいのですが、高層建築を建てたとしても、経済の原理などに当てられてどんどん利用が少なくなるので、経済合理性を得るために床面積を減らして減築したいというものです。やりたいこととしては、メタボリズムやユニット化など、スケルトンインフィルとは違う方向で可変性のある建築をつくりたいと考えています。

曽我部：斜めにすることで可能になる仕組みといった、付け足し方の仕組みを考えるというスタンス自体は共有できるし面白いと思います。ただ、最初から減築しないといけないのなら、つくらないで済ませる方法を考えればいいのではないかと思ったり、減築について考えるなら既存の高層建築の方法も考えたほうがいいのではないかと思ったりと、社会的な背景との関係でいろいろなことが気になってしまいます。そういうことを棚に上げ、減築だけでなく増減築が可能な、メタボリズムが無し得なかった新しい構築方法ということで有人ドローンとの関係を示されているけれど、そのあたりの怪しさが気になってしまいます。

竹山：あなたはなぜ高層建築をつくる時に減築を考えるのでしょうか？ 60年代なら人口がどんどん増えているので、増築としてコアとカプセルで新陳代謝のように増えたり減ったりすることを考えていたのがメタボリズムとなるけれど、あなたは最初から減築を考えているのが面白いです。

宮本：曽我部さんが言う「増減築両方に対応できる」のは、在来木造ではないかと思って聞いていました。高層は無理でも在来木造は自由です。

上山：増築は無理でも、減築に限定したら高層でもできるのではないかという仮説の下に研究しています。

宮本：君の作品は、とりあえずコルゲートシートを使いたかったのだろうという気がします。

上山：どうにか使う理由を持ってこようと思いました。

曽我部：そちらが先にあったのですか？

上山：結構後のほうです。

竹山：これまた大人の論理で言いますと、高層建築のうまみは、高いところに住みたい人がいて高いところのほうが高い値段が付き、高く売れるというのが一つです。もう一つは、減築する時には低いところを減築

すると、価値の高いところだけが残るということ。そのほうが不動産屋的にはうまみがある。むしろ高いところしかないのが原型で、それに低いところがくっつくということで、それしか高層建築を前提にする論理の在り方はありません。もし高いところを崩すなら、最初から低いところを計画するのが普通だと思います。

上山：自分が在籍する神戸大学では論文を書いて、その検証をするために設計をします。先ほど、修士論文・設計の位置づけは論があるかどうかという話でしたが、論はあって当たり前で、論の再現性があるかどうかが大事だと思っています。曽我部先生の「愛・地球博」のパビリオンなどは、例えば都市に展開可能かどうかを考えているのですか？

曽我部：そのまま再現することにはあまり関心がありません。建築にはいつも制約条件があります。その制約をポジティブに展開したいと思っており、その結果、いろいろな建築の形が現れます。

上山：そのもとになる論があり、それを敷地や制約に当てはめることで建築ができるというのを、いつもされているわけではないのですか？

曽我部：論として、何か明確に一つということはないです。そこまで単純化できません。

宮本：リユースという観点から見ると、この案は

面白い気がしてきました。コルゲートシートは転用が効きます。資材性という、クロード・レヴィ＝ストロースの「マテリアリティ」という言葉があります。コンバージョンやリユースにしろ、どの資材性を残して生かすのか。鉄骨造の建物を建てた後、バラバラにしてスクラップにした場合は、鉄という金属の資材性だけが残るのです。

上山：使えるものということですか？

宮本：使えるものレベルですね。コルゲートシートなら、もう一度それで鉄管をつくることもできて、少し資材性が高いわけです。もっと資材性を高くするには空間自体がリユースされることが求められ、それらは何段階かありますが、空間として生かされるのでその中ではコンバージョンが一番偉いです。だから資材性という視点を持ち、自分の案をもう一度見てみるという手はあるのかなと思いました。

上山：リユースの点でも考えています。例えばアールを一定にし、3mのアールだとそのままシェルターに転用可能であり、6、9、15というスケールを一定にして、解体後そのまま使うこともできます。

宮本：わかるけれど、6、9、15では不十分ですね。

上山：「エコマテリアル」と言っているので、そこを見ようと思います。

C group

一宮せんい団地における 業種変遷および団地活性化計画

【1】研究の背景と目的

　現代日本では、高度経済成長期の終焉をむかえ、全国各地の産業集積地において、低・未利用の土地や建物が増加している。中でも卸売業の集積地は、中・長期的な視点で見ると衰退することが明らかであり、建物の老朽化や土地利用などの問題が深刻化する可能性があると考えられる。そのため、用途転換を行い、本来の用途とは異なる新たな需要に対応させる等で、建物を有効活用していく必要性がある。そこで、本研究では繊維卸売業の集積地である「一宮せんい団地」（図1）を対象とし、現状を分析するとともに今後の団地利用の可能性について検討を行うことを目的とする。

【2】研究の概要

　本研究では、(1) 一宮市せんい団地の店舗等の業種変遷の調査を行い、(2) 業種変遷と社会情勢等の歴史との関係性の分析と、(3) アンケート調査を行うことにより、現状把握と問題分析をし、(4) それらの結果をもとに、今後の団地活性化のための建築提案を行う。

【3】一宮市せんい団地の形成過程と現状

　一宮市は、古くから尾張地方の経済の中心であり、栄え、繊維産業が大きな発展をもたらした。戦後は、一宮織物卸業界が国鉄一宮駅周辺に密集して栄え、経済復興に大きく貢献した。昭和30年代後半になると、輸送や駐車場不足の問題などにより、卸売業の高度化を図るため岡山や金沢などで、卸商業地で団地造成が始まったのを受けて、一宮においても繊維卸団地造成計画が進められた。駅前に集積していた繊維卸売業の店舗等は、流通の利便性の高い土地へ移転することとなり、昭和45年に「一宮せんい団地」が誕生した。団地内の個々に異なるデザインの建物群は、約95％が低層耐火RC造であり、団地中央には2つの公園が広く配置されるなど、一体化した計画にも工夫がされている。団地設立から約50年が経過し現在では、110棟程あった当時の建物のうち約85％は増改築をしながら残されている。また近年では、団地内に新たな業種の参入もみられ、「渋ビル」注1) と呼ばれるレトロ感のある外観のビル群の人気の高まりから、マルシェ等の様々なイベント注2) が開催されている（図2）。イベント時には、約3000人程の来訪があり賑わっているが、通常時は人がほとんど歩いておらず、閑散とした団地となっている。

敷地	愛知県一宮市せんい団地	建蔽率	80%
都市計画区域	尾張都市計画区域		
区域区分	市街化区域	市条例	一宮市建築物における駐車施設の附置等に関する条例
用途地域区分	商業地域		
容積率	400%	居住誘導区域	居住誘導区域内

図1 敷地の諸情報

表1 一宮せんい団地形成経緯の概要

年代	出来事
1965(昭和40)	・一宮織物卸商業協同組合設立準備会が発足(組合員109名)
	・一宮市に都市開発事務局設置
	・愛知県に対し集団化計画第1次の予備申請提出
1966(昭和41)	・共同組合一宮繊維卸センター創設
1967(昭和42)	・卸売業店舗集団化事業実施計画書を県を通じ中小企業庁に提出
	・県を通じて中小企業振興事業団より助成認可
1968(昭和43)	・一宮市と造成工事契約、土地造成の起工式
1969(昭和44)	・第一次店舗起工式
	・繊維卸会館棟上式
	・団地内中央公園完成
1970(昭和45)	・第1次店舗及び繊維卸会館オープン祝賀式
	・第2次店舗起工式
1971(昭和46)	・団地全体完成祝賀式、第3次店舗

図2 一宮せんい団地の建築群

東 明里
Akari Azuma

名古屋工業大学大学院
工学研究科 社会工学専攻
加茂紀和子研究室

【4】一宮せんい団地における業種変遷

協同組合一宮繊維卸センターから発行されている「せんいニュース」より、団地設立から現在までの業種変遷の把握を行い（図5）、社会情勢（表4）との関係性の分析を行った。繊維業は、昭和46年から徐々に減少し、現在は当初の39.2%となっている。主な要因として、外国からの繊維製品の輸入増加が挙げられる。繊維業以外の業種に関して、近年では若い世代がサービス業などで参入する事例が増加している（図6）。

【5】一宮せんい団地の印象調査

5-1. 調査概要

せんい団地の店舗等の利用実態と印象評価を行うため、店舗等の所有者とイベント時の来訪者を対象としたアンケート調査を実施した（表2・表3）。

5-2. 調査結果〈店舗等所有者〉

団地内の道路や駐車に関する環境が整備されているが、立地が悪く顧客の誘致は難しいという回答が得られた。また、繊維業以外の業種が参入しやすい環境づくりをすることや、既存のレトロな建物の魅力を発信すべきだという意見が多くみられた（図3）。

5-3. 調査結果〈来訪者〉

イベント来訪者の94.1%が一宮市または、愛知県からの来訪であった。印象評価では、店舗の内外装や団地内の雰囲気に魅力を感じると回答した人が多かったが、バスの本数が少ないなど、公共交通機関での来訪には不便だといえる。団地内の店舗業種に関しては、カフェが一番多く、次に書店やコワーキングスペースに需要があることが分かった。また、自由記述では、渋ビルを残しながら活性化をしてほしいという意見が多く見られた（図4）。

表2 店舗等向けアンケート概要 表3 来訪者向けアンケート概要

調査日程	2022年11月1日～11月21日	調査日程	2022年10月30日
調査対象	店舗等の代表者 1名	調査対象	「渋ビルさんぽ」イベント来訪者
調査方法	アンケート用紙、Googleフォーム	調査方法	会場内に設置したQRコード
調査目的	店舗等の利用実態、団地の印象を明らかにする	調査目的	団地の印象を明らかにする
調査内容	【店舗等の属性】【店舗等の使用状況】【店舗等の入居者の使用状況】【団地の印象評価】	調査内容	【回答者の属性】【来訪された情報】【団地の印象評価】【今後の団地利用について】
回収率	35%（配布数：55 回収数：19）	回収数	68件

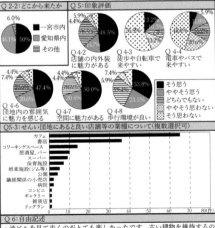

図3 店舗等向けアンケート

図4 来訪者向けアンケート

RESEARCH

表4 繊維業界の動き

年代	繊維業界の動き
昭和40年　1965	・綿紡長期不況カルテル(～42年)
昭和41年　1966	・大阪三品取引所の綿糸相場開所来の新安値を記録
いざなぎ景気	
昭和42年　1967	・ミニスカート全盛
	・合繊生産高はじめて綿糸生産高を凌駕
昭和43年-1968	・三州、名古屋綿スフ織物業設備リース事業に着手
昭和44年-1969	2.ニクソン米大統領繊維品の輸入規制表明
	10.日本レーヨンとニチボーの合併(ユニチカ)
	・毛織工賃化率73%、既製服化アップ
	・メリヤス業特定繊維構改事業石原ニット㈱(44～48年)、真和ニット(協業)(44～46年)
昭和45年-1970	・ヤングファッション全盛
大阪万博	
昭和46年-1971	7.米国向け繊維輸出自主規制実施
ニクソンショック	
昭和47年-1972	2.日米繊維協定調印
沖縄返還	・大手合繊メーカー川下戦略本格化
昭和48年-1973	・繊維輸入急増繊維貿易初の入超
	3.糸市況で毛糸につづき綿、スフ糸も高値つづく
第一次オイルショック	10.化繊7社、史上最高の好収益を記録
	11.紡績大手9社、史上最高の好収益を記録
昭和49年-1974	6.繊維定期相場実勢悪から綿糸、毛糸、スフ糸ストップ安
昭和50年-1975	・化繊、紡績企業減量経営対策始まる
	・構改事業(知識集約化)三河織物構改グループ(4組合)(50～53年)、中日繊維工業(50～53年)、ブロードワン、二葉ファッション、錦繊維、三友ニット、ユーシン(各50～53年)、(広域共設)興和合繊(50～53年)
	・伝産指定　有松鳴海絞
	・日本ニット工連発足
昭和51年-1976	9.台風17号により中京地方繊維工場被災
昭和52年-1977	5.中京地区繊維商社倒産続き信用不安高まる
	10.伊藤忠、安宅産業合併
	・スポーツアパレルブーム

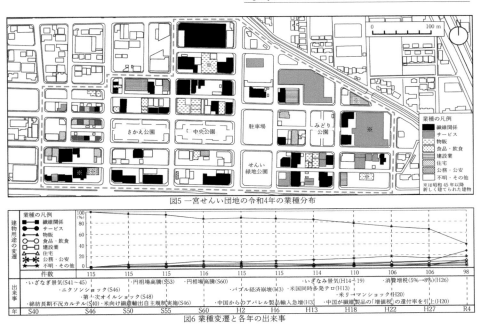

図5 一宮せんい団地の令和4年の業種分布

図6 業種変遷と各年の出来事

曽我部 昌史

提案する立場として、「このように変えることで、この地域は将来このように良くなる」ということをしていくわけですよね。つまり、このような場所があれば、交通の便が不便だとしても住みたいと思わせる場所づくりが必要になります。

宮本 佳明

丸ごと住宅地にすると面白い気がします。新築一つではまちを変えられないので、すべて建て直してもいいし、一部新築にして一部リノベも考えられます。道路のシステムがとても面白いので、それを利用した住宅地はあり得るかもしれません。

【6】建築計画

6-1.全体計画・プログラム

一宮せんい団地は、東西方向約500m、南北方向約300mの規模を持ち、団地内部には4つの公園が広く配置されている。論文編から導き出した業種分布と、アンケート調査の結果を用いて計画建物を選定し、改修計画を行う。団地の潜在的魅力を活かし、日常でも人々が集う可能性を持つ空間として再編し、エリアとして活性化を目指す。

6-2.建物選定

3章の業種分布の結果から導き出した、現在、低・未利用となっている建物の中から、フィールドワークにより4つの公園に面し、一宮せんい団地の中でも特色のある、5つの建物を改修対象として選定した。概要を図7にまとめる。

6-3.建築計画

各対象建物の特色、立地を生かし、5章の来訪者アンケートで選ばれた、日常に必要とされる機能を付加し、イベント時には拠点となる空間に変化可能な設えを持つものとする。また、団地内の公園を共有地として位置づけ、建物と合わせて整備を行う計画とする（図9）。選定した5つの建物にそれぞれコンセプトを設定し、改修計画を行った。計画-1では【地域の人が集う場】、計画-2では【団地内部と外部を繋ぐ場】、計画-3では【団地内部の連携を深める場】、計画-4では【一宮市の繊維業を発信する場】、計画-5では【団地のストック】と設定し、人々が集まる賑わいの場を創出する空間を設計した（図10）。

【7】結論と今後の展望

一宮せんい団地は、1970年代に繊維業の店舗が集積地として造成されたが、繊維業の衰退とともに他業種が参入し、様々な業種が混在する団地へと変化していることが明らかになった。そして、これからの団地には、若い世代の参入やイベント時以外にも魅力を持たせることで活性化が期待される。建築提案では、既存建物の魅力を活かしながら改修を行い、団地内外の人々が集まり、賑わいをもたらす空間の提案を行った。本計画をきっかけに、団地の賑わいが再生することを期待する。

名称	計画-1	計画-2	計画-3
写真			
特徴 立地	・公園から離れた静かな場所 ・婦人毛織物卸の店舗として使用されていた ・間口が広く2面道路に面する	・さかえ公園に面する場所 ・婦人毛織・化学織物卸の店舗として使用されていた ・公園側に大きな開口を持つ	・中央公園に面する場所 ・公園側の面は窓が多く、特徴的なファサードを持つ ・奥行があり南北に開口が多い
規模	階数：地上2階　RC造 延床面積：611.711㎡	階数：地上3階　RC造 延床面積：620.025㎡	階数：地上3階　RC造 延床面積：345.600㎡
名称	計画-4	計画-5	
写真			
特徴 立地	・みどり公園に面する場所 ・開口が大きく、道路に開けたエントランスを持つ ・2面道路に面する	・糸、織物、二次製品卸等の店舗として使用されていた ・2階部分に庇を持つ ・開口が狭く、奥行きが深い	
規模	階数：地上2階　RC造 延床面積：227.000㎡	階数：地上2階　RC造 延床面積：208.626㎡	

図7　選定した5つの既存建物

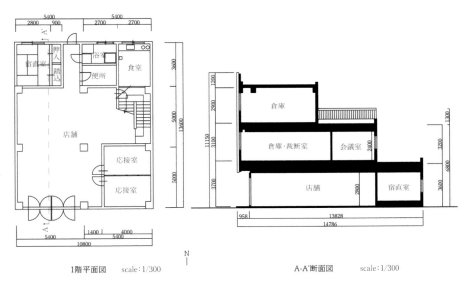

図8 計画-3 既存図面

1階平面図　　scale：1/300　　　　　　　A-A'断面図　　scale：1/300

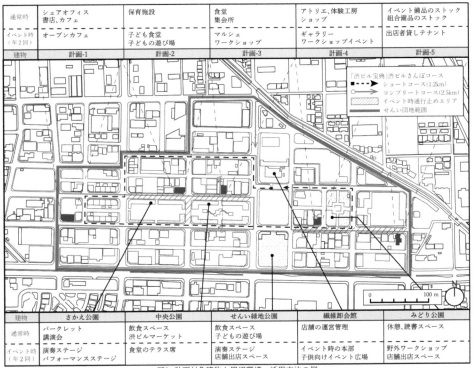

通常時	シェアオフィス 書店、カフェ	保育施設	食堂 集会所	アトリエ、体験工房 ショップ	イベント備品のストック 組合備品のストック
イベント時 （年2回）	オープンカフェ	子ども食堂 子どもの遊び場	マルシェ ワークショップ	ギャラリー ワークショップイベント	出店者貸しテナント
建物	計画-1	計画-2	計画-3	計画-4	計画-5

建物	さかえ公園	中央公園	せんい緑地公園	繊維卸会館	みどり公園
通常時	マーケット 講演会	飲食スペース 渋ビルマーケット	飲食スペース 子どもの遊び場	店舗の運営管理	休憩、読書スペース
イベント時 （年2回）	演奏ステージ パフォーマンスステージ	食堂のテラス席	演奏ステージ 店舗出店スペース	イベント時の本部 子供向けイベント広場	野外ワークショップ 店舗出店スペース

図9 計画対象建物と周辺環境・活用方法の例

107

計画-1
地域住民が集う場

用途：カフェ＋シェアオフィス
書店＋コワーキングスペース

地域住民が日常的にせんい団地を利用するきっかけの場。イベント時には、1階部分が開かれ、演奏スペースや休憩スペースとして利用する。

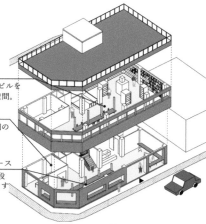

2F 書店

ブックカフェとして、渋ビルを眺めながら読書をする空間。

1F シェアオフィス

近隣住民や団地内の店舗の会議や商談などに利用。

1F コワーキングスペース

リモートワークなど、普段とは違う雰囲気で作業をすることができる。

計画-2
団地内部と外部を繋ぐ場

用途：保育施設

公園と一体で保育施設として利用し、イベント時には1階を開き、こども食堂などを開催する。

3F 遊戯室

子どもの遊び場としてのスペース。イベント時には子供向けのワークショップなどを行う空間として利用する。

2F 保育室

子どもたちが学年ごとに分かれて学ぶ場

1F 食堂・共有スペース

通常時はさかえ公園と連続して利用する。イベント時には出店者とコラボなどで子ども食堂を開く。

計画-3
団地内部の連携を深める場

用途：食堂＋集会所

団地内部の会議や交流を深め、団地活性化に繋げる。イベント時は道路と公園と一体として利用する。

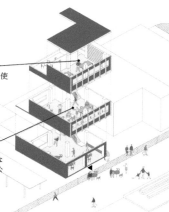

3F 集会所

定期的に行われる組合等の会議に使用。一般向けに貸出も行う。

1F・2F 食堂

街のダイニングとしての役割で、イベント時には出店者とコラボ商品などの販売を行う。イベント時には、公園と連続して利用する。

計画-4
一宮市の繊維業を発信する場

用途：ショップ＋工房＋アトリエ

ワークショップやデザイナーのアトリエを常時見学できるようにし、一宮の繊維業の発信の場となる。

2F アトリエ

デザイナーのための貸しアトリエ。イベント時には拠点となり、ギャラリーとなる。

2F 体験工房

布や糸を使ったものづくり体験工房。繊維業に興味を持ってもらうきっかけを作る場として利用する。

1F ショップ

繊維製品の小売店団地内の卸売店舗の紹介なども行う。

計画-5
団地のストック

用途：倉庫＋貸テナント

団地の倉庫とし、イベント時などの備品をストックする。イベント時には建物内と東側のスペースが貸テナントとなる。

備品倉庫

団地の倉庫としての役割。イベント時に必要なテントや椅子などをストックする。組合が管理することで、団地全体でイベント運営ができる。

貸テナント

団地内に店舗を持ちたい人がレンタルする貸しテナント。イベント時には、倉庫も利用。

駐車場

イベント時に出店スペースとして利用する。

公園計画

イベント時の演奏ステージや店舗の連続で利用する。

中央公園パークレット

通常時は食堂のテラス席として利用する。イベント時には、ステージや道路と建物を一体として利用する。

公園への眺望

公園を眺めながら、会議や食事をすることができる。

▼TOP GL +11600
▼3FL GL +7400
▼2FL GL +4000
▼1FL GL +100
▼GL -2000

集会所
食堂
食堂

33000　　7000　8000　1500　6000　6000　6800　6000
　　　　　　　　　　　　　　　　　　27600

中央公園　　　車道＋歩道　　計画-3(食堂＋集会所)
　　　　　　（イベント時利用）

A-A' 断面図　　scale：1/600

図10 設計概要

【注釈】 1)高度経済成長期(1950〜1970年頃)に建てられたビルのうち、名古屋渋ビル研究会が選定したもの 2)「暮らしのマルシェ」「渋ビルさんぽ」等のイベントが年に数回開催されており、筆者自身も運営に関わる

【参考文献】 1)国土交通省：低・未利用地対策検討小委員会中間取りまとめ http://www.mlit.go.jp/kisha/kisha06/03/030704/02.pdf 2)国土交通省：建築物ストック統計検討会報告書(2010年3月)、http://www.mlit.go.jp/common/000120830.pdf 3)饂口 志保：店舗等集団化事業による卸売団地の形成過程について ― 一宮せんい団地を事例として― pp.621-622,2022.

モダニズム建築の適応型再利用手法
―大阪府立総合青少年野外活動センターを対象として―

RESEARCH

【1】研究背景と目的

　現在、日本におけるモダンムーブメントの建築は竣工後半世紀以上を迎え、戦後の復興そして経済成長の歴史を体現するこれらの建築群の保護が急がれるが、それらを DOCOMOMO JAPAN（以下 D.J）が認定し遺産的価値を与える運動がある一方、設備や躯体の老朽化や管理状況の困難さにより解体されている建築が多くあるのが現状である。DOCOMOMO 制度は建築保存に対して一定の効果はもたらしているが、存続についての拘束力がないため、現在は保存されている建築も良好な状態で活用される視点がない限り、同様な末路をたどらざるを得ないのも事実である。

　DOCOMOMO の発足地であり建築利活用において先進的な取り組みが成されてきたオランダでは単なる修繕・修復を超えて現代のニーズに合わせた空間構成の変形や用途の変更による適応型再利用により多くの歴史的建築物が現代においても活用され、日本においても同様な活用を推進していく必要があると考える。本研究は日本におけるモダンムーブメントに関わる建築の存続可能性の提示を目的とする。

【2】DOCOMOMO JAPAN 登録建築の現状調査

　2022 年 12 月現在 D.J の HP に登録されている 264 事例の現存状態や解体理由などをデータシートにまとめ、分析を行った（図 1）。

2-1. 分類結果保存か解体かの瀬戸際にある現在

　対象となる建築について、現状を 9 つの状態に仕分け、大きく 4 つのタイプに別れていることが分かった（図 2）。【保存型】は原型を維持し、主に外壁の修繕や耐震補強等、意匠や空間が変わっていない例であり、【活用型】は増減築による意匠や空間の変化が見られた例である。また、【老朽化型】は修繕や改修が行われないまま使われ続けている〈維持〉と、閉所などされたのち放置されている〈放置〉の例である。9 つの状態の内訳として〈修繕〉が全 264 件中 107 件と最も多く見られ、その次に〈解体〉（解体予定を含む）が 45件見られるという結果となった。また、解体された建築 45 件のうち 22 件の解体開始年が直近 5 年以内であることがわかり（2022 年 12 月現在）多くのモダニズム建築が竣工後半世紀を迎える今が、保存か解体かの瀬戸際となっている（図 3）。

中銀カプセルタワービル　　　　出雲大社庁の舎

都城市民会館　　　　　　　　　同潤会アパート

解体される日本のモダンムーブメント建築

事例 No.14	広島ピースセンター				
設計者	丹下健三		竣工年	1955 年	所在地	広島

現存状態	改修利用	1994 年改築・2016 年耐震（平和記念館）2014 年改修（東館）
元の用途	記念資料館	現在の用途	記念資料館
改修理由	設備劣化　コンクリートの中性化 耐震性　動線向上	改修方法	中性化の補修工事　耐震補強 道の拡幅　エスカレータ新設 内部改修　設備改修　展示変更

図 1　DOCOMOMO 現状調査データシート例

西川 裕知
Hirotomo Nishikawa

名古屋工業大学大学院
工学研究科 社会工学専攻
加茂紀和子研究室

図2　DOCOMOMO 建築の現存状態割合

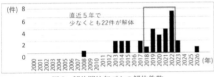

直近5年で
少なくとも22件が解体

図3　解体開始年ごとの解体件数

2-2. 建築劣化部分の傾向

調査の結果、修繕や改修された建築の改修理由として特に顕著に挙げられていたのが①耐震性の不足　②設備の老朽化　③外壁の老朽化・剥落等④バリアフリーの4つである。これらをクリアし、より魅力的な建築を提案できれば、現状放置されているような D.J 登録建築が活用されていくと考えられる。

【3】オランダのリノベーション手法

オランダにおける先進的な文化財等の改修事例を調査するため、オランダの現代建築の年鑑誌「Architectuur in Nederland\Jaarboek」に掲載された建築のうち、「①築100年以上の建築、②文化財、③建築家による建築」の改修または用途転用の全116事例の調査・分析を行った。

3-1. 建築改修手法の分類＿27手法の抽出

対象事例のリノベーション手法（以下、リノベ手法）は大きく4つ（増築・減築・更新・修復）であり、改修部位と変形要素により、27手法を抽出し一覧とした（表1）。単一のリノベ手法を

もつ【単一】の事例が83件、複数のリノベ手法をもつ【複合】の事例が33件あり、2手法を用いているものが27件、3手法を用いているものが6件あった。

27のリノベ手法のうち〈増築 - 付随 - 対比〉は、全155件中24件と最も多く見られた。次に〈増築 - 独立 - 入れ子〉が14件見られた（表2）。また、〈対比〉や〈入れ子〉は【単一】で多く、【複合】では〈増築 - 動線 - 階段〉や〈増築 - 床〉、〈更新 - 保存更新〉などが多い。これは、そのリノベ手法のみでリノベーションを完結させることが出来る〈入れ子〉などの例に比べ、〈増築 - 動線 - 階段〉（階段の増築）や〈増築 - 床〉（床の増築）などの、その手法単体では建築全体を完結させることが難しいものも、幾つかのリノベ手法を組み合わせることで魅力的な改修を行っているからであると考えられる。

日本においても、これら27種のリノベ手法を組み合わせることで、歴史的建造物の魅力的なリノベーション提案の可能性があるのではないだろうか。

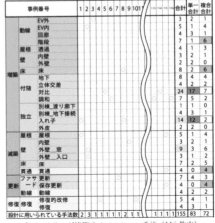
表1　オランダ建築リノベーション手法（116件中）

3-2. 改修時の用途変更__現代に適応させる用途変更

また、対象事例 116 件中 78 件が用途変更を伴っていることが分かった。これは、現代のニーズに空間のポテンシャルを適応させる為であると考えられる。

【4】大阪府立総合青少年野外活動センターの調査

本研究では、D.J に登録されている大阪府立総合青少年野外活動センター（以下、青少年センター）を対象に適応型再利用を目指した提案を行う。坂倉準三建築研究所設計の青少年センターは、1964 年にレクリエーションを通した青少年の健全育成を目的として建設された。1967 年に建築学会賞を受賞し長年活用されてきたが、近年では娯楽の多様化などの時代背景から利用者が減少し、加えて大阪府の財政難のため 2011 年に閉所し、その後放置状態にある。【老朽化型】〈放置〉に分類され、このまま何らかの策を講じなければ解体される可能性が高いと考えられる。

4-1. 青少年センターの図面・文献調査

青少年センターについて新建築 1966 年 3 月号と 1972 年 5 月号、及び、国立近現代建築資料館に所蔵されている坂倉準三建築研究所の図面 94 点による図面文献調査および現地調査を行い空間を把握し、保存する箇所や空間の潜在力を明らかにする。

4-2. 設計意図と空間構成

青少年センターに展開する空間構成について明らかになったことは以下のとおりである。まず、図面文献・現地調査から、体育館や食堂などのトラスが架かった大空間と、宿泊棟などの分棟形式の小さな空間が自然地形に沿って配置されていることで大小様々な行為を受け入れる空間が存在している（図 4）。また、図面資料のスタディ過程から、宿泊棟については初期の段階から決定しており、ロビーと食堂の空間・配置、体育館の配置

について深く検討されたことが分かった。今回の建築提案では、これらの空間のポテンシャルと坂倉準三事務所の設計意図を汲み取り、青少年センターを対象として適応型再利用の建築提案を行う。

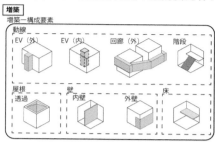

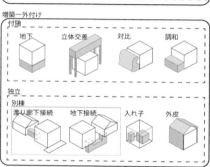

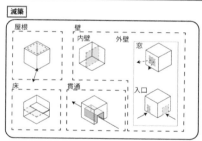

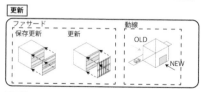

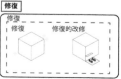

表 2　オランダ建築改修事例分類結果

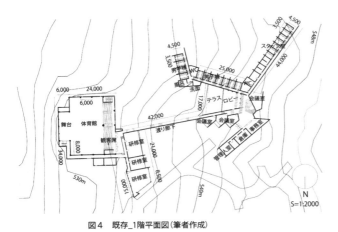

図4　既存_1階平面図（筆者作成）

青少年センターの変遷

| 竣工 | 学会賞 | | 閉所 | D.J 登録 | 活用案 | 現在（放置） |
| 1964 年 | 1967 年 | | 2011 年 | 2012 年 | 2015 年 | 2023 年 |

中間発表 講師コメント

曽我部 昌史

宮本佳明さんから指摘があった、高速道路との関係や遊歩道が巡っている池があるという話は、この建物が現状で持っている強みになり得ると思います。建築単体ではなく、建築周辺に価値を繋げられる要素があるため、そのような良い点はなるべく利用しましょう。

宮本 佳明

もともとの設計者である坂倉準三のことは考えないほうがいいと思います。例えば村野藤吾が設計した「八幡市民会館」の改修のため、現在、東畑建築事務所と組んで実施設計をしています。その際も、村野さんならどうするかを考えるのは良くないと思っています。村野さんの事務所にいた番頭さんが、村野さんより村野さんらしい設計をすると言われていましたが、村野さんが亡くなってから引き継いだ建築がいまいち良くない。つまり、現代、そして未来、ここにしっくりくる新しいデザインを考えることが大事です。

5-1. 対象敷地　大阪府能勢町

　青少年センターがある大阪府能勢町は、大阪の最北端に位置し、大阪都心から車で50分程の距離ではあるが人口1万人以下の高齢社会化が進む消滅可能性都市である。

5-2. 青少年センターの現状

　既存建築は低層のRC造であるから補強等での再利用が可能で、周辺の森林は国内トップクラスの生態系を備えている。しかし、H27年の能勢町による跡地活用提案募集時に建物自体の有効な活用案は出なかった。現在活用されている部分は外構の運動場と一部の森林のみで、それぞれドローンの試験場とアスレチック・キャンプ場として利用されている。建物や屋外活動のための付帯施設については老朽化、敷地内の広大な森林については維持管理の困難さもあり、このまま放置され続けると外壁等の崩落や土砂災害等の危険性を孕んでいる。

5-3. 用途：自伐型林業を中心とした複合施設

　今回の提案では、既存の森林資源を活かし経済的にも維持管理を可能とし、若手人材を呼び込むプログラムとして自伐型林業を中心とした複合施設を設計する。自伐型林業は1人〜少人数で行うことが可能な小規模な林業で、春夏の空いている時間に作業道を敷設し、秋冬に伐採〜搬出を行う。敷設する小規模な「壊れない作業道」（2.5m以下の作業道）は予防砂防の働きとなり、土砂災害防止に貢献する。また、自伐型林業は農業や観光との兼業が可能であるため都心に出ている若者を呼び戻し、既存建物の宿泊研修機能を活かした運営も可能とする。加えて、青少年センターの体育館であった大空間は製材場や家具工房としての転用を可能とし、自伐型林業の研修から製材・家具加工・販売まで行える場所として改修する。そして、周囲の森林に多く存在するアカマツやスギ、ヒノキなどの地域資源に付加価値を付けて地域外にも発信出来るように人と情報の拠点とする。

5-4. 設計手法

　2-2で明らかになった日本の改修に必要な要素のうち、新用途に適応させるにあたって必要な耐震改修等の要素に加え、3-1で分類したオランダのリノベ手法をかけ合わせ、新用途に必要なミチ（動線）とハコ（空間）を設定することで日本におけるモダンムーブメントの建築の新たな適応型再利用（アダプティブユース）手法を提示する（図6）。

5-5. 建築計画

　既存建築が持つ大中小の異なるボリュームの空間を活かし、長距離且つ一方通行の既存動線を改善する為、異なる大きさのハコ（空間）にそれぞれ適した用途を設定し、リノベ手法を用いながら、その空間同士をミチで繋ぎ回遊性をつくる。それにより周囲の自然との新たな関係性と林業研修に関わる用途同士の連携が生まれる。例えば、旧体育館では新用途として大空間を活かしたハコとして製材・家具工房を配置し、そこに日本の建築改修に必要な耐震強補の要素と〈増築−動線−回廊〉〈減築−外壁−入口〉がかけ合わされることで、耐震だけでなく、人と木材搬入車の動線を分離し、かつ日常的な外壁のメンテナンスも容易にするミチが生まれた。

総括

　本論では、第2章でDOCOMOMO　JAPANの登録建築の現状について、9つの状態の内訳として〈修繕〉が全264件中107件と最も多く見られ、その次に〈解体〉（解体予定を含む）が45件見られるという結果を出した。また、解体された建築45件中のうち22件の解体開始年が直近5年以内であることがわかり（2022年12月現在）多くのモダニズム建築が竣工後半世紀を迎える今が、保存か解体かの瀬戸際となっていることを明らかにした。

　そして、3章で、歴史的建築物のリノベーション先進国であるオランダのリノベーション手法を分類し、オランダでは、そのリノベーション手法を組み合わせ、用途を現代に合わせ変更している

ことが明らかにした。

　それらを踏まえ6章で設計提案をすることで、DOCOMOMO JAPAN に登録されながらも現在放置されている大阪府立総合青少年野外活動センターを、建築を現代の需要に沿って活用（適応型再利用）する方法を提示することが出来た。

日本で必要な改修要素　×　オランダのリノベ手法

図6　設計手法

森林の活用　　経済的合理性　　若手人材の誘致

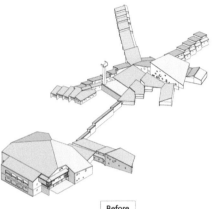

Before

小さなハコ
(−) 内壁 ×耐震補強

まなびのミチ
(△) 動線 ×バリアフリー

貫通するミチ
(−) 貫通　(△) 動線
バリアフリー

歩くミチ
(+) 回廊(外)　バリアフリー

補強・保守のミチ
耐震補強 × (+) 回廊
× (−) 入口　× 外壁メンテ

(−) 内壁 ×(△) 更新

対比
×内壁
×設備更新

中くらいのハコ
耐震補強 ×バリアフリー
× (+)EV内 × (+) 調和

ナカミチ
動線 × 外壁 ×BF

はこぶミチ
(△) 更新 × (−) 入口

大きなハコ
(+) 入れ子 × (+) 階段
× (−) 入口　× 外壁メンテ

After

115

まなびのミチ　(△)動線　×バリアフリー
研修者の宿泊場所から道具庫兼研修場所へと続く道が日常的な森との接点を生む

道具庫・研修場所		

ナカミチ　動線　×外壁　×BF
動線と自然を分断していた渡り廊下外壁を減築し新たにホテル棟との繋がりを生む。

中庭広場	旧用途	渡り廊下

湯のハコ　対比　×内壁　×設備更新
周辺キャンプ場宿泊者も利用可能な温泉は、既存棟と対比的に有機的な形態で、樹木を避けるように湯舟が配されている。ボイラーにはウッドチップによる発電を利用

浴場・露天風呂	旧用途	女子宿泊棟

泊まるハコ　(−)内壁　×更新
1室12㎡の旧スタッフ室は2室又は3室繋げ、窓を自然に大きく開いたことで、都心から自然を求めて宿泊する人々の為のラグジュアリーな空間へと変わる。

ホテル宿泊室	旧用途	スタッフ室

中くらいのハコ　(+)EV内　(+)調和　×耐震補強　×バリアフリー
構造補強の為の柱はコワーキングスペースのための大空間を心地よく区切り、適度な囲われ感を創出する。

コワーキング	旧用途	食堂

小さなハコ　(−)内壁　×耐震補強
地形に沿って段々に配されている旧宿泊室の内壁を減築し繋げることで、地形と呼応しそれぞれの人の居場所となるホテル棟のロビーが創出される。

ホテルロビー	旧用途	男子宿泊室

貫通するミチ　(−)貫通　(△)動線　バリアフリー
約45mの直線通路だった男子宿泊棟を直角に貫くように門型のフレームを挿入する。新たに生まれる動線は、青少年センターの設計当初に想定されていものと同じで、より自由に自然と建物を往来することが可能となる。

ホテル入口	旧用途	浴場・廊下

大きなハコ　(+)入れ子　×(+)階段　×(−)入口　×外壁メンテ
旧体育館の大空間を活かし製材所を配置。観客席は訪問者の製材見学のための道となる。家具工房は入れ子空間にすることでフットプリントを確保し、2階部分では既存トラス加工のダイナミックな空間を近くで感じながら家具加工の研修を受けることが出来る。

製材・家具工房	旧用途	体育館

歩くミチ　(+)回廊（外）　バリアフリー
バリアフリーの観点から空中歩廊で工房とホテル棟をつなぐ。

空中歩廊		

補強・保守のミチ　耐震補強　×(+)回廊　×(−)入口　×外壁メンテ
耐震補強の観点から木造フレームを付随。旧体育館の外壁を歩行可能な経路にすることで、日々の外壁メンテナンスも容易に。また、木材の搬入と工房の人の動線を分けることができる。

製材・家具工房　外壁	旧用途	体育館

はこぶミチ　(△)更新　×(−)入口
扉を開閉可能な透明なシャッターに更新。新たに原木搬入の経路をつくる

製材所入口	旧用途	体育館入口

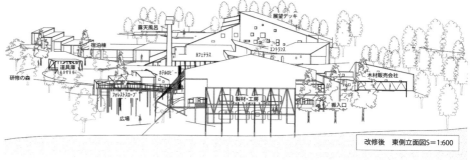

改修後　東側立面図S＝1:600

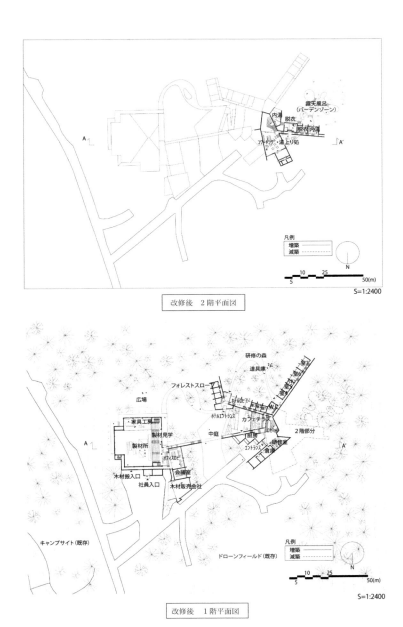

改修後　2階平面図

S＝1:2400

改修後　1階平面図

S=1:2400

C group

連関を再編する住宅改修の詩学

【1】研究の背景と目的

本来改修という建築行為には、積極的な建築操作を加えることで、新旧の対比を生み、根源的かつ刺激的な魅力である「更新のダイナミズム2」が内包される。コミュニティ形成等、地域的・民族誌的連関1（以下連関）の再編プログラムにこの観点を加えれば、イメージの刷新や新しいふるまいを生む可能性があると考える。

本研究では、現代の連関を再編する住宅改修の手法について分析を行い、新たな手法を提案し、普遍的住宅地において試作を行う。「更新のダイナミズム」を内包した連関の再編によって、潜在力を引き出し、地域活性化のベースとなる改修の詩学として考察、提案を行う。

【2】住宅改修の事例調査

2-1 調査対象

新建築及び住宅特集（2009.2-2022.8）に掲載された住宅改修事例のうち、地域に開くことが意図された場（以下OS）を持ち、連関の再編について言及がある44事例を対象とする。

2-2 連関を再編する住宅改修の手法

44事例の作品解説文の中で、改修操作について記述されているキーセンテンスを抜き出し、そこに表れる〈改修操作〉と［操作意図］を抽出し、22項目の〈改修操作〉と、12項目の［操作意図］を導出し、クロス集計表を作成した（表1）。全体では、改修操作として〈土間を設ける〉、〈吹抜けを設ける〉が多く、〈土間を設ける〉には、［人々の交流］や［開放性］との関係が強く、〈吹抜けを設ける〉には、光の［演出性］が多いが、［境界を緩める］、［一体性］も含まれることが分かった。

2-3 改修操作と新旧の変化の関係

次に44事例の改修前後の図面と概要から、主

表1 改修操作と操作意図のクロス集計

	ボリューム追加	外壁撤去	内壁撤去	内壁挿入	床撤去	床挿入	天井撤去	天井挿入	屋根	開口追加	出入口	吹抜け	縁側	デッキ	段差	土間	貫通路	余白	内装	仕上げ
［人々の交流］				2			2					1		1	1	5	1	1	1	
［境界を緩める］	1			1		1				1	1	3	2	1		1	2	1	1	1
［住まいの拡張］		1									1			1		1		1	1	1
［風景の共有］								1	1				1	1	1	1				
［開放性］	1		1	2	2		2		3	2				3						
［一体感］				1	1		1				2									
［可変性］				1										1		1	2			
［多様性］				1										2	1	1				
［汎用性］				1																
［アクセス性］										1	1				2	1			1	
［演出性］				3			1		1	1		6							1	
［公私を分ける］	1			2							2			1		2				
合計	5	1	1	11	5	1	3	1	4	2	3	13	5	3	2	14	6	4	5	6

表2 改修操作と新旧の変化のクロス集計

		ボリューム追加	外壁撤去	内壁撤去	内壁挿入	床撤去	床挿入	天井撤去	天井挿入	屋根	開口追加	出入口	吹抜け	縁側	デッキ	段差	土間	貫通路	提供空間	仕上げ	撤去
{かたち}	(10)	4	1					1	1	1											
{材料}	(9)																				
{スケール}	(37)				8	5	1	2					13				1				
{構え}	(20)			1										2	1						
{シークエンス}	(11)											1		2	1	1	1				
{用途}	(17)													3	2	1	4	1	2	3	

な{新旧の変化}を抽出し、内外の空間形態の変化を{かたち}、内外の仕上げ材の変化を{材料}、内外の空間の大きさの変化を{スケール}、地域へのファサードの形成を{構え}、動線の変化を{シークエンス}とし、住宅の転用や兼用など使い勝手の変化を{用途}とし、大きく6項目を得た。

〈改修操作〉と{新旧の変化}の関係を表すクロス集計表（表2）から、〈吹抜けを設ける〉、〈内壁を挿入する〉といった{かたち}、{材料}、{スケール}に関係する群に対し、〈土間を設ける〉、〈縁側を設ける〉は{構え}、{シークエンス}、{用途}に関係する群に表れることが分かった。

【3】「更新のダイナミズム」の試作

3-1 概要

{用途}に関係する改修操作が、さらに{かたち}、{材料}、{スケール}の変化をつくりだす操作となれば、「更新のダイナミズム」が生まれると考え、試作を行い、試作例の一部を示す（図1）。なお試作のベースは、郊外住宅のプロトタイプとして

井上 玉貴
Tamaki Inoue

名古屋工業大学大学院
工学研究科 社会工学専攻
加茂紀和子研究室

実家（図2）を用いることとした。

3-2 試作

No.1,11 など｛材料｝の変化をつくりだす操作は、内部の様子が外部へと溢れ出す要素となっており、No.3,18 など｛スケール｝の変化をつくりだす操作は、接道面に設けることで開放的かつ人々が集まる空間となる。No.13,16 など｛かたち｝の変化をつくりだす操作は、奥へと人を引き込むアプローチ空間とすることができる。さらにNo.17,19 は、｛かたち｝、｛材料｝、｛スケール｝の

変化をつくりだすと同時に、｛構え｝、｛シークエンス｝の変化が現れており、操作の組合せが多様な対比を生むものとしている。

【4】建築計画

4-1 対象敷地の概要

実家が位置する愛知県一宮市は、極めて平坦な土地であり、古くから繊維の街として栄えてきたが、近年繊維産業は衰退している。

また、繊維産業従事者への喫茶店における飲食提供が元となり、一宮市発祥であるとされる

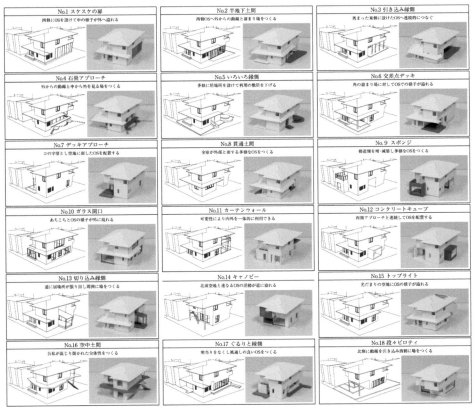

図1「更新のダイナミズム」の試作

モーニングなどの喫茶文化が、市民全体の生活の一部として定着しており、住宅地内にも喫茶店が複数点在している。対象敷地の萩原町は繊維産業が分業制である名残から、現在でも自営業所と住居＋倉庫の住居形式が多く見受けられる。対象地にも住居兼事務所の母屋とかつて繊維業で利用していた倉庫がそのまま残っており、母屋は一階を事務所とし、二階住民はすでに他へ引越したため空きスペースとなり、時々地域の集まりに利用される程度である。

4-2 連関の再編プログラム

本提案では、喫茶文化に代表される一宮のコミュニティの再編を目論み、住居とオフィスを住み開き、地域の交流拠点となるみんなのラウンジ、テイクアウト限定でコーヒーなどを販売する喫茶スタンド、レンタルスペースとして提供するシェアオフィス＋貸会議室を計画する（図3）。

4-3 改修対象における試作

4-3-1 概要

【3】で作成した試作をベースに操作を組合せ、対象敷地の環境や状況を踏まえた連関を再編プログラムと「更新のダイナミズム」による試作を行った。その試作例の一部を示す（図4）。

4-3-2 試作

試作から、「更新のダイナミズム」をもたらす新旧の対比とプログラムの配置計画を掛け合わせ、設計要件を抽出する。

4-4 設計概要

全体操作として既存建物に対し、鉄骨構造を活かした増築・減築を行う。はじめに、敷地中央に通した道を地域コミュニティの軸とし、内部へと動線を引き込み、人々が集まれる場を母屋と一体的につくることで、賑わいの場を奥へと拡張する。さらに内外をつなげる縁側を設けることにより、賑わいが外へと溢れ、動線を引き込み周囲に居場所をつくることで、地域に開かれた新たなファサードをつくりだす。

連関を再編するプログラムに加えて、散歩のついでや学校帰りに寄り道できる縁側やデッキなど

用途地域	第一種住居専用地域
構造	鉄骨造2階建て
主要用途	住居兼事務所（＋倉庫）
竣工	1993年
敷地面積	252.09 ㎡

図2 建物概要

図3 連関の再編プログラム

の小さな居場所を、新旧の対比を生む積極的な改修によってつくりだし、地域のイメージを刷新し、地域住民に永く愛されるサードプレイスとなることを目指した。

【5】結論と展望

本研究では、現代の連関を再編する住宅改修の手法の分析から、普遍的住宅地において「更新のダイナミズム」を内包した連関の再編によって、地域活性化のベースとなる改修の詩学として考察、提案を行った。

実際の改修は耐震面や経済面などの多くの解決すべき課題を抱えているが、本研究をきっかけにそれらの問題解決を超え、根源的な建築あるいは改修の魅力にまなざしが介入することを期待している。

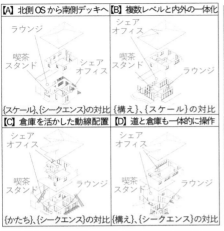
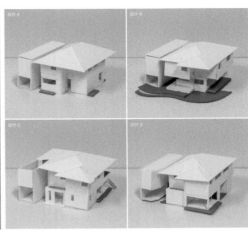

【A】北側OSから南側デッキへ	【B】複数レベルと内外の一体化
ラウンジ 喫茶スタンド シェアオフィス	シェアオフィス 喫茶スタンド ラウンジ
{スケール}、{シークエンス}の対比	{構え}、{スケール}の対比
【C】倉庫を活かした動線配置	【D】道と倉庫も一体的に操作
シェアオフィス 喫茶スタンド ラウンジ	シェアオフィス 喫茶スタンド ラウンジ
{かたち}、{シークエンス}の対比	{構え}、{シークエンス}の対比

設計要件

接道面である北、西から動線を引き込み、更地や畑と隣接し落ち着きのある南側に交流拠点を設けることで多面的な構成とする。
さらに母屋から倉庫側へ場を広げて2棟を一体的に操作する。

図4 改修対象における試作例と設計要件の抽出

宮本 佳明

プロジェクト自体に面白さがあります。住宅のリノベーションを修士設計として行っている訳で、単なる住宅のリノベーションではない。そこが面白いところだと思います。そこを大いに語ってください。

曽我部 昌史

リアルにやるための実施設計とのことなので、リアルにやるために詰めていけばいいと思います。今は、なんとなく改修の作法についてリサーチをベースにやっており、具体的な内容としては家族内の人間関係の整理しかしていません。ほぼフラットなので、空間の説明として断面図を描くとわかりやすいと思います。

中間発表 講師コメント

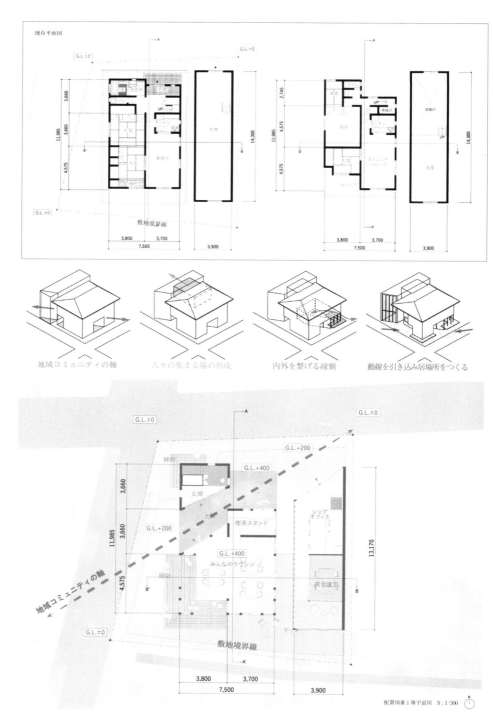

既存平面図

地域コミュニティの軸

人々の集まる場の形成

内外を繋げる縁側

動線を引き込み居場所をつくる

配置図兼 1 階平面図　S：1/300

122

{ かたち } の対比：倉庫に貫入するボリュームを追加

母屋と一体的な空間をつくり賑わいの場を広げる

2階平面図　S：1/300

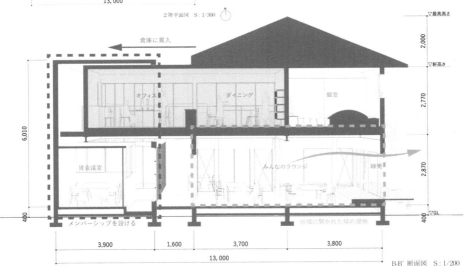

B-B' 断面図　S：1/200

{ 材料 } の対比
：構造体をあらわし光を調整する

既存鉄骨に対し温もりある木質空間が
居場所をつくる

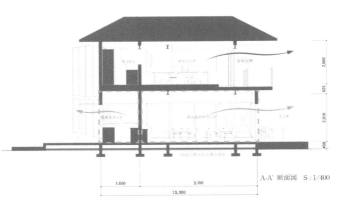

A-A' 断面図　S：1/400

123

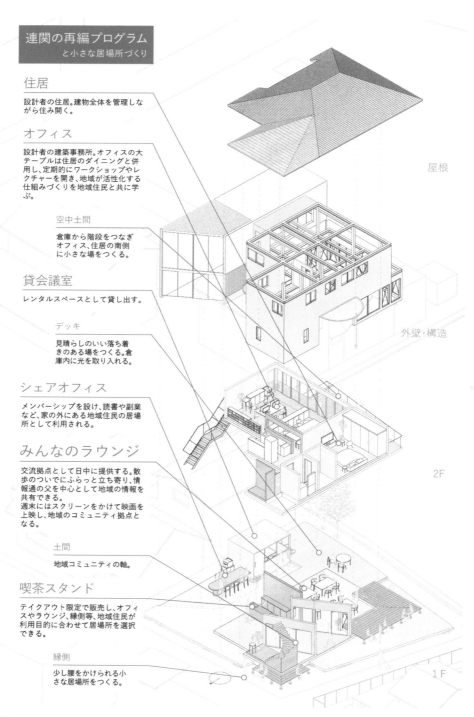

連関の再編プログラム
と小さな居場所づくり

住居

設計者の住居。建物全体を管理しながら住み開く。

オフィス

設計者の建築事務所。オフィスの大テーブルは住居のダイニングと併用し、定期的にワークショップやレクチャーを開き、地域が活性化する仕組みづくりを地域住民と共に学ぶ。

空中土間

倉庫から階段をつなぎオフィス、住居の南側に小さな場をつくる。

貸会議室

レンタルスペースとして貸し出す。

デッキ

見晴らしのいい落ち着きのある場をつくる。倉庫内に光を取り入れる。

シェアオフィス

メンバーシップを設け、読書や副業など、家の外にある地域住民の居場所として利用される。

みんなのラウンジ

交流拠点として日中に提供する。散歩のついでにふらっと立ち寄り、情報通の父を中心として地域の情報を共有できる。
週末にはスクリーンをかけて映画を上映し、地域のコミュニティ拠点となる。

土間

地域コミュニティの軸。

喫茶スタンド

テイクアウト限定で販売し、オフィスやラウンジ、縁側等、地域住民が利用目的に合わせて居場所を選択できる。

縁側

少し腰をかけられる小さな居場所をつくる。

屋根

外壁・構造

2F

1F

{ 構え } の対比　：動線を引き込み周囲に居場所をつくる

{ スケール } の対比　：内外をつなげる縁側を設ける

既存の柱が内部の場を仕切りながら賑わいが外へ溢れる

角面は既存を残しながら多面的に開き、交流の拠点となる

{ シークエンス } の対比　：敷地中央に貫通路を通す

梁方向と斜めの貫通路が対比を生み内部へ動線を引き込む

普遍的な住宅地でイメージを刷新し、地域住民のサードプレイスとなる

遊郭建築と看板建築から思考する
シェアハウスショップの提案

1. 背景

　装飾は建築の本質的なものである。しかし、現代の建築の主流は、装飾を取り払われた合理的な建築が普遍であるとされている。一方で、アジア諸国の看板が溢れるように設置された雑多な風景は、人々の活動に多大な影響を与えているように感じる。雑多な風景にこそ、人々のアクティビティが表出されていることを再定義し、魅力を発見し、転用方法を模索する。

　アジア的な雑多な風景として、風俗建築や看板建築を対象にした。看板建築の定義としては二種類存在し、屋外広告物としての看板と木造建築が洋風の建築に擬態しているものを指している。はじめに、中村遊廓は今でも残存している文化遺産であり、法改正を潜り抜け、転用を繰り返した風俗建築である。次に、ごった煮の大須商店街は、看板によって経営者の所有と誇示によって、混じり合った雑多な街を形成している。そのような、遊廓や看板の特殊性から自己の存在を誇示し、他者を誘い込むような装飾的でヴァナキュラーな風景に魅力を感じた。

2. 概要

　本研究は、1）旧中村遊廓建物群の成り立ちを行い、2）遊郭建築の調査と、3）実地調査を行い、4）建築と看板の相互作用を考察し、5）建築計画へと導く。

3. 旧中村遊廓の成り立ち

　中村遊郭は、大正時代以降、名古屋市中村区に作られた公許の娼家が集まる遊郭があった地域である。当時は、名古屋市内唯一のソープランド集中地区としても知られる。大正から昭和初期にかけて栄えた中村遊郭は、吉原遊郭をしのぐほどの豪華さを誇っていた。日本屈指の規模を誇った街では、続々と取り壊しが進んでいる。建物が解体

された跡地には、新築分譲マンション・病院・スーパーマーケットなどが建ち、旧遊郭は名古屋の住宅街の中に埋没しつつある。

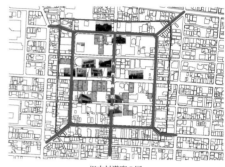

旧中村遊廓の図

4. 遊郭建築の平面計画の文献調査

　全ての遊郭建築は木造二階建てで、中庭を有している。そして、幅152~190 cmの階段を3ヶ所に設け、房室（寝室）は6畳15室以上で主に2階に配置され、廊下越しの中庭採光とし、建物間に路地はなく、水回りは弁道側に設けるなどの共通点がある。

　遊郭建築の空間の質として3つの特徴を抽出し、中庭（黄色）と階段（赤）、房室（緑）で色分けした。中庭の周りには廊下と房室をコの字型、ロの字型に配置したものがほとんどであった。玄関側には階段を二箇所設けて客との交錯を避け、階段の回遊性による利用者の制御をしている。そして、6畳一間の房室という画一された部屋が連なっている。

ロの字とコの字　　　　6畳1間の房室
遊廓建築の平面計画の特徴

松原 成佳
Seika Matubara

大同大学大学院
工学研究科 建築学専攻
宇野享研究室

5. 遊郭建築の立面計画の文献調査及び現地

　現存しない遊郭建築にも着眼点を置いた。もう既にない遺構では、異国風のファサードの建築、当時完成したばかりのライトの帝国ホテルを模した建築、和風では京町の角屋や一力茶屋を真似したものが存在していた。これらから、遊郭建築の装飾は、何かをモノマネしたものが多く、この土地の職人たちによる技術で成り立っていた。

異国風のファサード

6. 看板建築によって装飾された遊郭建築

　装飾された遊郭建築は、元々木造二階建ての和風建築であるが、ファサード改修することで洋風建築へと変化している。それは、母体である建築の本質を装飾された看板建築によって簡単に変えてしまう力がある。旧中村遊廓の街の様相を決定づけ、とても支配的である。装飾された遊郭建築は、自己を誇示し、他者を誘い込むように設えてある。「装飾」を用いることでかつての活力のあった地域特有の風土や土地固有の力を引き出すのではないかと考えた。

看板建築となっている遊廓建築

7. 大須商店街の外観ファサード調査

　遊廓の看板建築以外にも、雑多な風景を作っている大須商店街の看板建築も調査対象に入れる。名古屋市の代表的な繁華街である大須商店街を、調査地域としてフィールドワークを行なった。車通りの多い大津通り、アーケードのない赤門通り、アーケードのある万松通りを調査した。調査方法は、看板が表出している外観の写真を撮影し、タイポロジーを使って分類し、似た要素の形態を抽出し、ダイアグラム化した。

　調査の結果として、アーケードのある万松通りが、最も装飾的な看板建築が多かった。半屋外空間で歩行者を対象とした店構えは、密集した店舗が見栄を張るように、間口を大胆に使い装飾を施している。

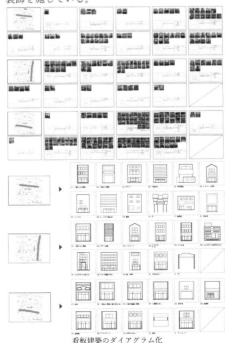

看板建築のダイアグラム化

8. 装飾が建築の本質である

　遊廓建築や看板がなぜ装飾するのかという理由は、自己の表明と他からの差別化を図るからである。中村遊廓の当初は、統一された和風遊廓建築の風景が広がっていた。しかし、時代精神に適応していくかのように、ファサード改修を繰り返し、装飾された遊廓建築が出始めた。次第に、郭内においても和風と洋風の遊郭建築のコントラストが明確にされていた。このような装飾こそアジア的な建築の本質だと仮説を立てた。

9. シェアハウスショップという新しい建築用途

　前述のシェアハウスに商業域として活気を持たせるためにさらにショップを付加したものを「シェアハウスショップ」と名づける。シェアハウスショップとは、遊廓という職住一体の暮らしと平面計画、そして装飾された板を着せ替え可能な外観の改修を利用して、個人でショップが簡単に開業しやすい住居形態を提案する。

　遊郭建築の平面計画を活かして、リノベーションしやすい住居形態がシェアハウスである。そして、最大の特徴である6畳一間の房室で個人が暮らしながら、ショップを開業できるシステムを可能にする。遊廓の骨格を継承しながら、装飾を付け替えることで新たなショップ形態を生み出す。

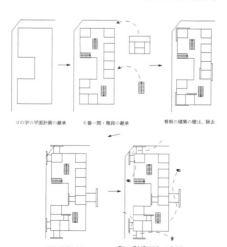

コの字の平面計画の継承　　6畳一間・階段の継承　　看板の建築の壁は、除去

看板を拡張させる　　新しい通り道ができ、つながる

シェアハウスショップの成り立ち

10. 装飾で他のものに擬態し、建築の境界線を拡張

　看板建築と建築物の境界線を切り離し、空間を拡張させる。拡張させた中間領域は、人々の溜まり場となり、コミュニティ形成としての公的領域となる。それと同時に、塀のように空間を区切り自己の居場所として私的領域となる。境界の拡張をすることで、私的公的領域の獲得と、私と公の接続を目的とした。

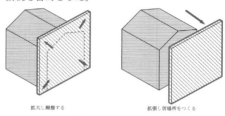

拡大し擬態する　　　　　　　拡張し居場所をつくる

看板を拡大し、拡張する

11. 最大5面付加することができる看板

　建築の壁面が5面現れているので、看板も同様に最大5面付加する。そのため、本来コの字型で覆われていた外壁をなくし、平面計画を継承しながら廊下や道路、隣地側に設置壁面が増える。そのことで、最大面利用することができ、看板の広告性を保ちながら平面計画を活かすことを目的とした。

看板を拡大し、拡張する

12. 看板の付け替え方法

　看板を付け替える方法としては、ふすまの建具のように付け替える方式を提案する。

　まず、鉄骨から鋼製束を溶接または、ボルト接合する。そして、その鋼製束にFBを溶接し引っ掛け凸（デコ）を作る。

そして、看板側にも仕組みが必要となる。看板の上端と下端に凹（ボコ）をあらかじめ作ることで、その鉄骨フレームの凸（デコ）が、凹（ボコ）に差し込む。したがって、容易に看板が着せ替え可能な建築となる。

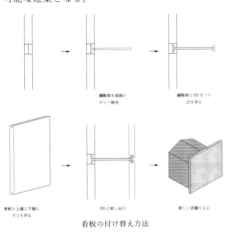

看板の付け替え方法

13. 装飾に機能を持たせる

　壁一枚に施された装飾に機能を付加させる。装飾は本来、無機能とされているが機能を付加することによって、より人々がアクティブとなり、生活環境の表出しやすい場を作り出す。それは、自己の存在を主張し、他者同士を接続しうる要因となる。自己の所有物としての空間の確保と、異なるもの同士のコミュニティの発展を創り出す。このような個人の欲がそれぞれ現れることによって、土地固有の風土と新たなヴァナキュラーな風景を作り出す。

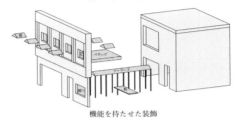

機能を持たせた装飾

曽我部 昌史

中村遊郭を題材にするのであれば、中村遊郭の空間観や装飾の有り様などを上手く利用し、そこを発展させるのが良いと思います。平面で気になるのは、中村遊郭の中庭がどういうものか知らないけれど、基本的には遊郭の中庭なら外の世界にあまりオープンになっていなかったと思うのです。今の敷地のつくり方では、2面接道の接道側に中庭が開いており、かつての中庭の有り様とはずいぶん違う気がします。防火壁が中村遊郭の最大の特徴であり、このような面白い風景はなかなかないと思います。いまひとつ、防火壁の面白さが共有しきれていないのかもしれない。

中間発表 講師コメント

14. 看板的操作の分類法

「拡張・垂直・斜め・囲う・貫通・複数・滑る・長い・短い・切り取り・開きこむ・折る・纏う・斜め・直角・大きい・小さい」による看板的操作が発生し、全部で１８種類に分類できた。このような操作から敷地の余剰権を読み取り、その敷地に合った仕掛けを創り寄生させていく。

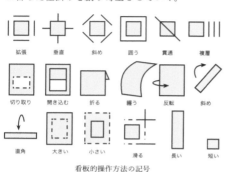

看板的操作方法の記号

15. 装飾されている看板ユニットのカタログ化

装飾されている看板のカタログは、どのような機能が含まれているか明確にし、設計として応用した表である。

建築物の壁面に設置することで、ただの余白を持った壁面から人々のアクティビティを刺激する可能性を持った建築への更新を期待し、看板を設置する。人の目につくことでアクティビティの創出や店舗と消費者の接続を促進し、事業内容の告知をすることで集客力の向上を目的としている。今まで悪条件であった建築へのポテンシャルを、看板によって改善する。

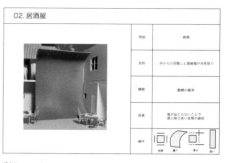

看板ユニットのシート２

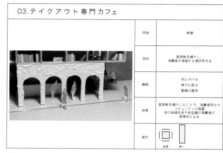

看板ユニットのシート３

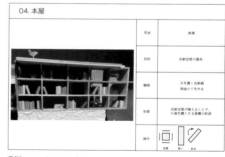

看板ユニットのシート４

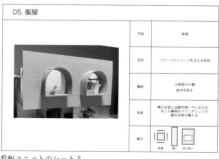

看板ユニットのシート５

看板ユニットのシート１

06. 住宅1		
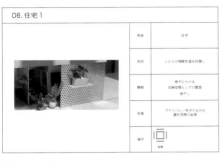	用途	住宅
	目的	人からの視線を遮る目隠し
	機能	椅子にかける 収納型壁としての壁面 物干し
	効果	プライバシーを守りながら 屋外空間と接続
	操作	拡even

看板ユニットのシート6

07. 焼き鳥屋		
	用途	商業
	目的	回遊動を増やし 消費者が来店する場所を作る
	機能	机にかける 採光を取る
	効果	上部の壁口から採光が反射して差し込む 複数の建物から小規模で開放できる
	操作	拡大　斜め　切り取り

看板ユニットのシート7

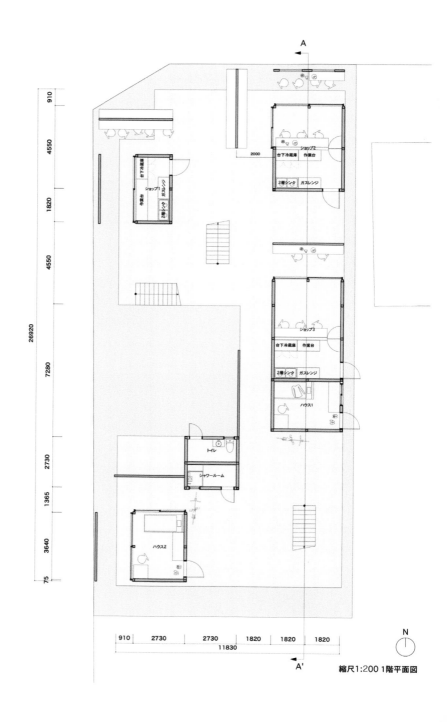

A

A'

縮尺1:200 1階平面図

N

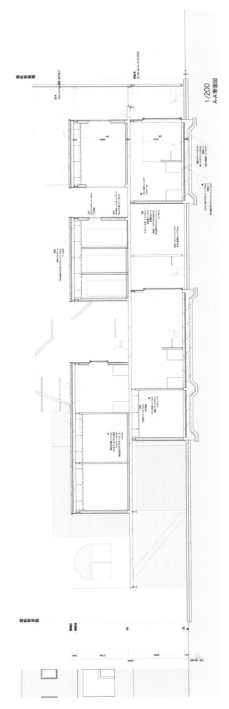

A-A断面図　1/200

都市型航空交通インフラの研究及び設計提案

1. 研究の概要

1.1 研究の背景と目的

「空飛ぶクルマ」の社会実装に向けて研究開発が進められている。従来の地上交通の2次元的な移動とは異なり、3次元的に移動可能である「空飛ぶクルマ」は、都市が抱える交通渋滞等の問題解決の糸口となり得る。

また、現代の日本の都市における建築は様々な課題を抱えている。例えば、用途純化された建築は社会の需要の変化に対応できず、解体され、また新たに建設される。その結果、日本の都市における建築の寿命は短い。世界的に低炭素化に向けた取り組みがなされている現在、この拡大思想に基づくスクラップ・アンド・ビルドによる更新方法を改めて考え直す必要がある。さらに、建築は解体されるとゴミになる。循環型社会が目指されている今、建築はそのライフスパンを超えた計画が必要とされている。

このような背景から、本研究では都市型航空交通インフラの研究及び設計提案を行い、新たなモビリティの登場によって実現される近未来における持続可能な都市及び建築のあり方を提示する。

1.2 研究の方法と構成

本研究では「空飛ぶクルマ」のユースケースの一つである「都市型航空交通（以下、UAM）」の展開による都市構造及び都市空間の変遷を「空の移動革命に向けたロードマップ[1]」及び都市交通史[2]の分析から予測し、UAMの展開に必要な建築のあり方を考える。さらに、加藤耕一が提唱する「アーキテクトニックな建築論[3]」を援用することで、近未来の都市における持続可能な建築のあり方を提示し、それらを統合して都市型航空交通インフラの設計提案を行う。

2. 都市型航空交通

2.1 空飛ぶクルマ

「空飛ぶクルマ」は、「機体の視点」「機体の動力と飛行機能の視点」「用途の視点」「サービスの視点」から定義される。UAMは「用途の視点」で定義され、「垂直離着陸機」を用いた「空を利用したDoor-to-Door移動サービス」である。

2025年の大阪・関西万博以降、商用運航の開始等、空飛ぶクルマの社会実装に向けた取り組みが加速する。また、2025年頃から離着陸場の建物屋上への設置、その後の2030年代前半、市街地への展開を本格させるために離着陸場の新規建設・設置が検討されている。

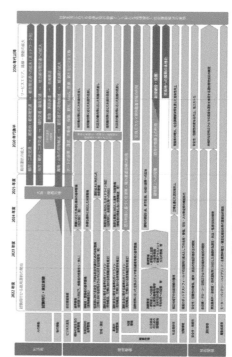

図1 空の移動革命に向けたロードマップ

上山 貴之
Takayuki Ueyama

神戸大学大学院
工学研究科 建築学専攻
光嶋裕介研究室

2.2 都市交通史における UAM の位置づけ

都市交通史は、交通手段の遷移による都市構造及び都市空間の変遷を示す。その歴史においてUAM は従来のモビリティとは異なり線状のインフラを必要とせず、点的に離着陸場を配置すればよいため、そのネットワークは都市の骨格となり都市の規模を保つ役割を果たすと考えた。

2.3 都市型航空交通のタイムライン

UAM の導入により都市はその規模を保ったまま人口が減少し、その密度を低下させる。UAMは線状のインフラを必要としないため都市内の任意の場所に展開可能で、その数が増加することが見込まれる。本計画建物の当初の特殊性は、UAM の展開と共に失われていき、その価値も緩やかに減少していくと考えられる。本計画建物の価値を持続させるためには、社会の変化に対して建築が可変性を持つことが必要であると考えた。

2.4 都市型航空交通の利用

UAM では空飛ぶクルマを空飛ぶタクシーとして、地上交通も含めたオンデマンドな3次元交通サービスとしての利用を考える。地上交通とUAM がシームレスにつながることで、都市における移動の自由は大きく拡大する。

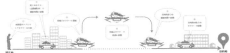

図2　UAM の利用

2.5 近未来の都市交通

近未来の都市において多様化する移動のニーズに応えるために、様々な交通手段を用意する必要がある。新たな交通手段である UAM と地上交通を結び付けることにより、都市での移動の自由を拡大することが重要である。そのため、都市型航空交通インフラは UAM 及び地上交通の交通拠点とする必要がある。

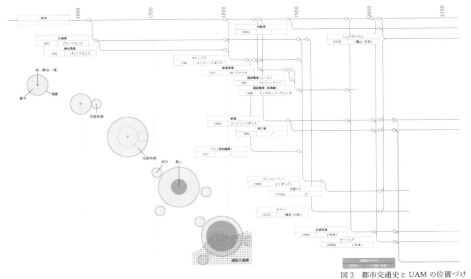

図3　都市交通史と UAM の位置づけ

135

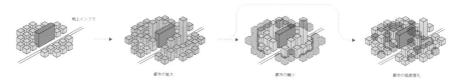

図4 都市構造及び都市空間の遷移

3. 持続可能な建築

3.1 都市における建築の諸課題

建築用途、寿命、更新方法、ライフサイクルにおける温室効果ガスの排出等、建築物解体時の廃棄物等に関して都市における建築は様々な課題を抱えている。近未来の都市における建築はこれらの課題に対するあり方を示す必要がある。

3.2 アーキテクトニックな建築

前節の課題に対する解決の糸口として、本研究では加藤耕一が提唱する「アーキテクトニックな建築論」を援用する。「アーキテクトニックな建築論」とは新たな建築理解の方法で、これまでの抽象概念である形態に対する建築理解とは異なり、建設における「時間性」と「物質性」という、これまでの建築史で見落とされてきた側面に着目する試みである。

時間の経過とともに変化してきた建築は長寿命であり、「アーキテクトニックな建築」は、持続可能な近未来の社会における建築のあり方を示していると考えた。

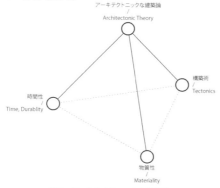

図5 アーキテクトニックな建築論

3.2.1 時間性

建築計画における時間性とは、建築がその生涯のうちに経験する時間経過である。建築は必ず時間経過の影響を風化や社会の需要の変化という形で受け続ける。建築の時間性を考慮せずに計画を行えば、時間とともにオリジナルデザインからかけ離れていくため、その価値が低下する。また、用途純化した建築は、その用途に対する需要の低下に伴って建築の価値が低下する。

図6 建築計画の時間性

3.2.2 物質性

建築生産の物質性とは、建築部材の物質としての価値の変化である。建築部材は、その原料より加工され、建材となり、部材となる。また、部材となった後も時間経過とともに風化する。そして、解体されて廃材となる。この過程において物質としての価値は低下していく。しかし建築における物質性を考慮することにより、物質の価値の低下を防ぎ、建築の長寿命化を実現する。また、その解体後も物質としての価値が高い廃材は、再び建材として転用可能である。

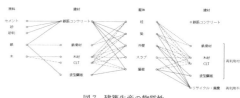

図7 建築生産の物質性

4. 都市型航空交通インフラ

　前章までの分析より、都市型航空交通は都市の規模を維持しつつ都市を低密度化させる働きがあり、そのインフラは様々な交通手段の交通拠点となることで都市における移動の自由を拡大する。また、それらを踏まえて、都市において建築を新築する際、建築の時間性及び物質性を考慮する必要性があると考えた。

5. 計画敷地

大阪府大阪市北区中之島 中之島公園

　UAM 導入初期、安全及び法的問題から河川や幅員の広い道路の上空を飛行することが予測される。2本の河川と2本の道路に挟まれた敷地である中之島公園は、計画敷地としてふさわしいと考えた。また、京阪「なにわ橋駅」地下鉄「北浜駅」さらに、阪神高速道路の IC など、敷地周辺は地上交通の要所でもある。

図8　計画敷地（広域）

図9　計画敷地

曽我部 昌史

斜めにすることで可能になる仕組みといった、付け足し方の仕組みを考えるというスタンス自体は共有できるし面白いと思います。ただ、減築と言われてしまうと、最初から減築しないといけないのなら、つくらないで済ませる方法を考えればいいのではないかと思ったり、減築について考えるなら既存の高層建築の方法も考えたほうがいいのではないかと思ったりと、社会的な背景との関係でいろいろなことが気になってしまいます。

竹山 聖

60 年代は人口がどんどん増えていたことから、増築としてコアとカプセルで新陳代謝のように増えたり減ったりすることを考えていましたが、上山さんの場合は最初から減築を考えているのが面白いです。

中間発表 講師コメント

5. 設計提案

5.1 プログラム

UAM の離着陸ポート及び地上交通との結節点となる交通拠点（以下、UAM 離着陸場）と、オフィス、ショップテナント等（以下、オフィス）からなる複合施設として提案する。UAM の利用以外に、オフィス機能で利益を確保することで、UAM の利用料金を低減し、その結果、UAM の消費者への受容性を高める。

5.2 配置計画及び建設プロセス

計画敷地の東西にある道路をつなぐ高架を敷地の中心線上に配置し、両端及び中央に UAM と地上交通を結ぶロータリーを設ける。ロータリーのある個所に UAM ポートを計画しそれらの間にオフィスを道路を覆うように配置する。

UAM の展開に合わせた段階的な建設プロセスとすることで、UAM の利用料の適正化を図る。

図 10　配置計画及び設計プロセス

5.3 ダイアグラム

5.4.1 UAM 離着陸場

UAM 離着陸ポートの上空に離着陸を阻害するものを設置できず、UAM 離着陸ポートと乗降スペースを分離することで効率のよく離着陸が可能となるため、UAM 離着陸場の形態は階段型もしくはピラミッド型とすることが望ましい。74 基の UAM 離着陸ポートから最大 1110 回 /h の離着陸が可能である。

図 11　UAM 離着陸場のスタディ

5.4.2 オフィス

内部空間の可変性を確保しつつ、施工及び解体を容易にするために家形ユニットによるモジュラーデザインとする。このユニットを角材とともに緊結し、スラブはフラットスラブとし、階を構成することで構造的なフレームとする。また、下層ほど断面せいを大きく、上層ほど小さくすることで構造的合理性とともに空間の多様性を得る。屋根及び外壁の波型鋼板は、耐久性に優れるだけでなく、施工及び解体を容易にする。

図 12　オフィスの構築方法

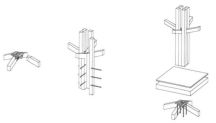

図 13　オフィスの結構術

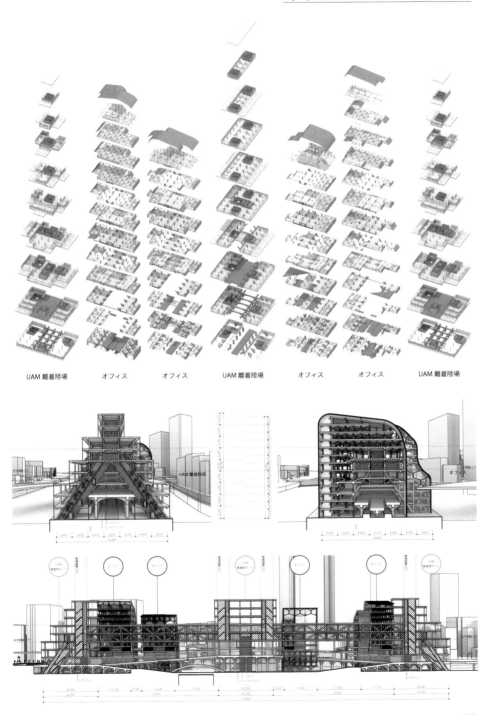

UAM 離着陸場　　オフィス　　オフィス　　UAM 離着陸場　　オフィス　　オフィス　　UAM 離着陸場

5.4 全体構成と転用可能性

UAM 離着陸場はモジュラーデザインとし、鉄骨造とすることで、UAM の需要に応じた増築が可能である。それらが必要なくなった際は、大規模に解体が可能である。オフィスの内部躯体は、CLT 及び木造で、可変性の高い空間とするだけでなく、需要に合わせた部分的解体が可能である。また、部分的解体によって生じた廃材は転用可能である。オフィスの屋根及び外壁は波型鋼板とすることで部分的な解体及び形態の変更が可能である。また、部分的な解体によって生じた廃材は転用可能であり、特に、この廃材を用いて新たな UAM 離着陸インフラを建設することで、その展開に寄与する。高架道路、コア及び構造フレームは RC 造で耐久性が高く、UAM インフラが必要なくなった未来においても残り続ける。

このように「アーキテクトニックな建築」を考慮することで、時間の経過とともに変容し、その歴史を積層する建築となる。

図 7　全体構成と転用可能性

6. 結論

　UAM はこれまで登場してきたモビリティとは異なり、表面的には都市構造及び都市空間に大きな影響を与えることはないが、その構成に影響を与える。都市型航空交通インフラのネットワークは、人口減少する都市において骨格のような役割を果たし、都市の規模を保ちつつ、その密度を緩やかに減少させると考えた。また、この性質は、日本が目指すべき定常化社会に向けての第一歩である。さらに、都市における移動は、社会活動の中で重要な役割を果たし続ける。都市型航空交通インフラは、多様化する交通ニーズに合わせた交通手段の拠点となることで、移動の自由の拡大に貢献する。

　最後に、社会は絶えず変化し、その需要も変化し続ける。建築の「時間性」及び「物質性」を考慮することは、変化し続ける社会に合わせて建築に可変性を持たせ、長寿命な建築を実現するために必要であると考えた。また、社会の変化により建築自体が必要とされなくなったとしても、建築が「物質」的な価値を持ち続ける限り、解体されて発生した部材は新たな建築に転用され、建築の

ライフスパンを超えた「物質」の利用が可能となる。そして、時間の中で変化し続ける建築は、持続可能な社会の実現に貢献する。

参考文献
[1] 空の移動革命に向けた官民協議会 ,
"空の移動革命に向けたロードマップ（改訂版）", 国土交通省 ,
2022-03-18
[2] 小池滋 , 和久田康雄編 ,
都市交通の世界史
出現するメトロポリスとバス・鉄道網の拡大 ,
悠書館 , 東京 ,（2012）
[3] 加藤耕一 , 時がつくる建築 リノベーションの西洋建築史 ,
東京大学出版会 , 東京 ,（2017）

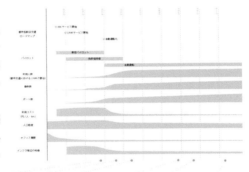

図3　UAM 及びインフラの遷移

総評

——— 米澤隆 ———

　私はGroup Aとディスカッションしましたが色、言葉、バーチャルと、それぞれ自分の興味あるものにフォーカスして研究を進めた作品が集まっているグループでした。その中で感じたのは、修士設計あるいは修士研究の枠組みの是非についてです。建築の設計は基本的にいろいろなものを統合していく作業となりますが、修士研究はテーマに応じてフォーカスして抽象化していく作業となります。修士論文であればそこで終わりますが、修士設計となると、それをもう一度具体的なものにしなくてはいけない。そこに対する是非を問われることが多々あったと思います。もう一つは、研究に対する客観性が求められること。プロセスの論理の積み重ねが求められるけれど、一方できちんと論理的に説明しなくてはいけないという葛藤を強く感じました。論理的な手続き、つまり、それに対してどのような意味があるのかなどを問われた結果、枠組みが先行し過ぎて、自分が本来やりたかったことではないものができてしまうことがある。でも私は、自分のやりたいことにチャレンジし、成功しようが失敗しようが、そこで実感したことをみんなに共有して欲しい。そこが修士研究の大事なところだと思います。考え過ぎず、突き進む。そこで得たものをみんなに共有してください。

——— 宮本佳明 ———

　修士設計とは何かを考えると、やはり論理は必須でありたい。全員、学部で卒業設計を経験したと思うけれど、卒業設計は勢いでできるが、修士設計がそれでは困る。論があり、きちんとデザインと結び付けて欲しいです。多くの大学が修士論文の代わりに修士設計を設けていると思いますが、そもそもなぜ修士設計が修士論文の代わりになるのかというところが大事です。一方で、必ずしも論に導かれてデザインができるわけではない。デザインが先行して、そこから論が導かれることもある。それを覚えておいてください。いきなり形が現れて、そこから言葉が出てくることもあるということです。

曽我部昌史

　私はGroup Cでしたが、Cは学生5人のうち4人がアトリエ系事務所に進むことが決まっていました。つまり、大学で平均すると1割に満たない稀有な人たちが集まっていたのです（笑）。卒業設計は勢いが大切で、修士設計は論理が大切というのはもちろんです。ただ、その論理の中で大切にすることがあります。私も卒業後は伊東豊雄建築設計事務所に6年間務めたけれど、その時には自分が何に関心を持っているのかを振り返る暇がありませんでした。一生懸命、伊東さんが何をしたいかを日々考える6年間を過ごしました。そうすると、自分というものをその6年間で見失ってしまい、自分がやりたいことを取り戻さなくてはいけなくなりました。そのような中、修士で何を探求したかというのは、自分の関心が何かを考える際に大きな影響があると思います。だから、自分が関心のあるテーマを持っているなら、納得できるまで掘り下げておくと、アトリエ系で務めた後に役に立つと思います。納得できるまで掘り下げていってください。

藤村龍至

　私が修士の時に東京で議論の場がつくられたのですが、その際に京都大学の竹山聖研究室が東京に殴り込みをかけてきました（笑）。それから20年を経て現在は東京藝術大学に所属していますが、本校において非常に難しいのが、こういった総評のようなものを教員はしたがらないし、学生も求めないことです。個別の講評を個人的にもらえればよく、集団で議論することに価値を感じていないのです。ただ、議論の機会をつくろうとする努力は見えますし、手法についての議論があってもいいのではないかと思っています。私が20代の頃、6年間ほど東京工業大学の塚本由晴研究室で週1回のゼミに参加していました。そこで後輩の論文を見ていると、パタンランゲージの手法に終始しているのです。パタンランゲージのランゲージ化したマトリックスを組んで類型を出すというものが続き、それは現在も同様に進化が止まっています。現在のイギリスはリサーチ・スルー・デザインなどの形となり、現実にありえないことまで想定しながらやっていて、アートと科学がどんどん近づいている。そのような方向に進化することを考えると、理工系大学の修士設計といえども、手法はもっと進化するべきではないでしょうか。論があることはもちろん大切ですが、論自体の進化、他分野の進化を参照して、理工系の建築の中でももう少し批判的なアップデートをしていく議論があってしかるべきではないでしょうか。そのためには、総評や集合的な議論などが必要となるでしょう。それは学生の個別の作品に対する講評だけでなく、集合的な理論があるべきだと思うので、今日は議論ができて良かったです。

——— 田井幹夫 ———

　各々がいろいろなことを考え、それなりの「知」の集積があるわけですよね。それをぶつけ合える状況があるのは幸せなことだと改めて思います。とはいえ、修士設計の在り方は大学によって違うため、一律に評価するのは乱暴に感じました。論文を踏まえたうえで設計に持っていく大学と、修士設計を一つの作品としてつくる大学が一堂に会しているからです。私が担当したGroup Aは、論文はなく設計のみという作品が多いのに並べて講評するものだから、論立てと設計の関係性を突き詰めても、学生側からすると、そのような意図はないという作品も出てきます。つまり異文化交流のようになっており、今後どう建築教育界が進んでいくかという課題を突きつけられたような気がしました。全体の感想としては、修士設計をやる人たちなので今後も設計の道で生きていくだろうという点から仲間意識を持ちました。設計の世界は上も下もなく、我々建築家と、さらに我々の先生世代の方も参加し、共通の（建築）言語を通して話せることは幸せなことです。学問的な部分を飛び越え、さまざまな経験値がどんどん積み重ねられていく。私も学生のみなさんから学ぶこと

はたくさんあります。建築を介して関係性を持てていることに幸せを感じるので、是非、学生のみなさんは楽しい未来が待っていることを期待しながら、頑張ってください。

——— 福屋粧子 ———

　私の所属する東北工業大学は、修士設計を行う学生が少ないため、自分の設計プロセスを客観的にとらえ、同級生とディスカッションできる機会が少ない状況です。初めて参加しましたが、本学会がこのような機会を設けてくれたことについて、お礼を申し上げます。出展者を3つのグループに分けてディスカッションしましたが、それぞれ自分が知っている手法に少し閉じているように感じました。とりかかりは既知の手法から出発すると思いますが、いろいろなアプローチがあることを互いに見て交流し、学生間で互いに深めてもらいたいと思います。また、素晴らしい設計者である先生方に講評してもらった際に、「設計者はそう考えるのか」と納得できる指摘もあったと思います。それらをみなさん大切に持って帰って最終提出まで、熱意を持って設計を続けて欲しいと思います。

――― 光嶋裕介 ―――

わからないことは一番恥ずかしいことだと考えていた学生時代、自分はわかっているつもりでしたが、実際にはわからないことばかりでした。でも、わからないことを学ぶことで自己変容していくのです。知らなかった何かを知り、先ほどまでとは少しだけ違う自分になる。その自己変容をどんどんして欲しいと思っています。今日は、なんとなくみなさんが怯えているというか、自己同一性を求めて変容を拒んでいるように感じられました。しかし、おたまじゃくしも自己変容の連続でカエルになるのです。自己変容はジャンプであり、設計というのはジャンプをすることです。ただ、ジャンプをするぞと思ってジャンプするのは独りよがりであり、気が付いたらジャンプしているのが理想的な自己変容の在り方です。自己同一性と、違う自分になりたいというせめぎあいが設計のミソなのです。建築の面白さは、社会というわからなさと、自分の中のわからなさの両方の中で、常に少しずつ自己変容することを楽しめることではないでしょうか。曽我部さんが話していたように、私も修士設計で考えたことが現在も住宅設計でコアの部分として残っています。自己変容している部分と、していない分はせめぎあっているけれど、コアになる部分は自分の関心事として突き詰められます。それを可能にするのは時間だと思うので、大学院修了まで残り数カ月しかないにしても、自己変容をもって他者への想像力で建築をつくっていけば、社会に対するメッセージを何か発信できると思います。自分は誰のためにどういう建築をつくろうとしているかを突き詰められるといいと思います。

――― 宇野求 ―――

　この2年半は、みなさんと同世代の世界中の大学生が、なるべく家から出てはいけない状況や集まってはいけない状況にいました。修士設計をするにしても、大学にはなかなか集まりづらかったり、各々の自分の部屋でやったりしている人が多かったと思います。ただ、こもり過ぎるのも問題だけれど、自分を振り返る時間としては良かったのではないでしょうか。なぜかというと、今から90〜100年前もパンデミックや戦争が起きていたし、日本の場合は大地震もありました。経済面でも大恐慌で世界中が滅茶苦茶でした。そのような状況下で、当時30代だったル・コルビュジエやミース・ファン・デル・ローエのような人は、ヨーロッパではほとんどおらず非常にマイノリティでした。みなさんからすると、20世紀の巨匠という印象でしょうが、彼らも当時はただの若者だったのです。ただし、新しい時代を予感しながら自分を信じていました。今後、時代が大きく変わるかはわかりませんが、明らかに新しい時代が始まると思います。そのような時に若い人の考えや感じていることを直接聞きたいと思いました。可能ならば一人ひとり、もっとゆっくり話せたらいいと思いました。今は21世紀ですから昔の昭和の話などは横に置き、先生方が何と言おうとも、これからのことは自分たちの時代として考えていくといいと思います。

—— 竹山聖 ——

　学生にとって、他大学のさまざまな学生と話をする機会はとても大切であることから、「修士設計プロレゴメナサミット」を立ち上げました。私の学生時代も、京都大学を卒業してから東京大学大学院に進学して宇野くんと出会い、一緒に設計事務所を立ち上げたり、大学院では同級生の隈（研吾）と東京工業大学の篠原一男研究室に潜り込み、ゼミに参加したりしていました。そこでは東京工業大学の岡河（貢）くんとも随分と親しくなりました。先ほど藤村さんが話していた、竹山研究室が東京に行った話に触れると、その学生のうちの一人がロンドンに留学してそのまま現地で働いています。なぜロンドンに行ったかというと、彼がおそらく藤村さんと思われる東京の学生と議論した際に、まったく太刀打ちできなかったからです（笑）。この論理に対抗するため、ロンドンへ留学して勉強していました。卒業後はそのままロンドンでノーマン・フォスターの事務所に就職し、現在はザハ・ハディッドの事務所で中心メンバーとなっています。みなさんは、今はまだ何者でもないけれど、あと20年経ったら大変な建築家になっているかもしれません。そういう人たちが過去を振り返り、たまたま今の時間を共有したことを思い出すと、もしかしたらこれが今

の自分の形成に大きな影響を与えたと思うかもしれない。だから今、話してみたいと思う人に話しかけて、できるだけきっかけをつくるようにしてください。交流が長く続く関係をつくることは、自分自身を知るためにとても大切です。是非本会がそういう場になっていけばいいなと思います。

ADVISER

宇野 求
Motomu Uno

1954	東京都生まれ
1979	設計組織アモルフ共同設立
1984	東京大学大学院博士課程修了
	アトリエ・ファイ建築研究所入所
1986	フェイズ・アソシエイツ設立
1994	千葉大学助教授
2001	同大学教授
2007	東京理科大学教授

竹山 聖
Kiyoshi Sey Takeyama

1954	大阪府生まれ
1977	京都大学卒業
1979	設計組織アモルフ共同設立
1983	設計組織アモルフ代表取締役に就任
1984	東京大学大学院博士課程修了
1992	京都大学助教授
2014	日本建築設計学会を立ち上げて
	初代会長に就任
2015	京都大学教授
2020	設計組織アモルフ代表取締役に再就任
	京都大学名誉教授

 総合資格学院の本

試験対策書

 建築士試験対策
建築関係法令集 法令編
定価:3,080円
判型:B5判

 建築士試験対策
建築関係法令集 法令編S
定価:3,080円
判型:A5判

 建築士試験対策
建築関係法令集 告示編
定価:2,750円
判型:B5判

 1級建築士 学科試験対策
学科ポイント整理と確認問題
定価:3,850円
判型:A5判

 1級建築士 学科試験対策
学科厳選問題集 500+125
定価:3,850円
判型:A5判

 1級建築士 学科試験対策
学科過去問スーパー7
定価:3,850円
判型:A5判

 2級建築士 学科試験対策
学科ポイント整理と確認問題
定価:3,630円
判型:A5判

 2級建築士 学科試験対策
学科厳選問題集 500+100
定価:3,630円
判型:A5判

 2級建築士 学科試験対策
学科過去問スーパー7
定価:3,630円
判型:A5判

 2級建築士 設計製図試験対策
設計製図テキスト
定価:4,180円
判型:A4判

 2級建築士 設計製図試験対策
設計製図課題集
定価:3,300円
判型:A4判

 宅建士試験対策
必勝合格 宅建士テキスト
定価:3,080円
判型:A5判

 1級建築施工管理技士
第一次検定問題解説
定価:2,750円
判型:A5判

 2級建築施工管理技士
第一次検定・第二次検定問題解説
定価:1,870円
判型:A5判

 2級建築施工管理技士
第一次検定テキスト
定価:2,420円
判型:A5判

 1級管工事施工管理技士
第一次検定問題解説
定価:2,970円
判型:B5判

設計展作品集 & 建築関係書籍

 Diploma×KYOTO
定価:2,200円
判型:B5判

 DESIGN REVIEW
定価:2,200円
判型:B5判

 NAGOYA Archi Fes 2023
定価:1,980円
判型:B5判

 **赤れんが卒業設計展**
定価:1,980円
判型:B5判

 構造デザインマップ 東京
定価:2,090円
判型:B5判変形

 構造デザインマップ 関西
定価:2,090円
判型:B5判変形

 環境デザインマップ 日本
定価:2,090円
判型:B5判変形

STRUCTURAL DESIGN MAP TOKYO
定価:2,090円
判型:A5判変形

※定価は全て税込み

お問い合わせ **総合資格学院 出版局**
[URL] https://www.shikaku-books.jp/
[TEL] 03-3340-6714

他の追随を許さない唯一無二の「講習システム」と「合格実績」

令和4年度 1級建築士 学科・設計製図試験

[令和4年度 学科＋設計製図]
全国ストレート
合格者占有率 **No.1** **57.9%**

全国ストレート合格者 1,468名中 ／ 当学院当年度受講生 850名

他講習
利用者
＋
独学者 ／ 当学院
当年度
受講生

令和4年度 1級建築士 設計製図試験 卒業学校別実績(合格者数上位10校)

右記学校卒業生
当学院占有率
58.1%
右記学校出身合格者 807名中／
当学院当年度受講生 469名

	学校名	卒業合格者数	当学院受講者数	当学院占有率		学校名	卒業合格者数	当学院受講者数	当学院占有率
1	日本大学	149	91	61.1%	6	工学院大学	63	48	76.2%
2	東京理科大学	123	67	54.5%	7	明治大学	60	34	56.7%
3	芝浦工業大学	96	62	64.6%	8	法政大学	56	33	58.9%
4	早稲田大学	79	36	45.6%	9	神戸大学	55	28	50.9%
5	近畿大学	74	46	62.2%	10	千葉大学	52	24	46.2%

※当学院のNo.1に関する表示は、公正取引委員会「No.1表示に関する実態調査報告書」に基づき掲載しております。 ※総合資格学院の合格実績には、模擬試験のみの受験生、教材購入者、無料の役務提供者、過去受講生は一切含まれておりません。 ※全国ストレート合格者数・卒業学校別合格者数は、(公財)建築技術教育普及センター発表に基づきます。 ※学科・製図ストレート合格者とは、令和4年度1級建築士学科試験に合格し、令和4年度1級建築士設計製図試験にストレートで合格した方です。 ※卒業学校別実績について総合資格学院の合格者数には、「2級建築士」等を受験資格として申し込まれた方も含まれている可能性があります。(令和4年12月26日現在)

 総合資格学院

東京都新宿区
西新宿1-26-2
新宿野村ビル22階
TEL.03-3340-2810

スクールサイト
www.shikaku.co.jp 総合資格 検索
コーポレートサイト
www.sogoshikaku.co.jp

令和5年度
1級建築士 学科試験

当学院基準達成
当年度受講生
合格率

82.5%

全国合格率16.2%の
5倍以上

8割出席・8割宿題提出・総合模擬試験100点以上達成
当年度受講生315名中／合格者260名〈令和5年8月30日現在〉

令和5年度
1級建築施工管理技術検定 第一次検定

当学院基準達成
当年度受講生
合格率

90.6%

全国合格率41.6%の
2倍以上

8割出席・8割宿題提出
当年度受講生255名中／合格者231名〈令和5年7月14日現在〉

建設業界・資格のお役立ち情報を発信中！
X(Twitter) ⇒「@shikaku_sogo」LINE ⇒「総合資格学院」
Instagram ⇒「sogoshikaku_official」で検索！

開講講座 | 1級・2級 建築士／建築・土木・管工事施工管理／宅建士／インテリアコーディネーター／建築設備士／賃貸不動産経営管理士

法定講習 | 一級・二級・木造建築士定期講習／管理建築士講習／第一種電気工事士定期講習／監理技術者講習／宅建登録講習／宅建登録実務講習

MASTER'S PROJECT

PROLEGOMENA
SUMMIT
2022

2023年11月25日　初版発行

編著　　　修士設計プロレゴメナサミット実行委員会
発行人　　岸 和子

発行元　　株式会社 総合資格
　　　　　〒163-0557
　　　　　東京都新宿区西新宿1-26-2　新宿野村ビル22F
　　　　　TEL 03-3340-6714（出版局）
　　　　　株式会社 総合資格　http://www.sogoshikaku.co.jp/
　　　　　総合資格学院　https://www.shikaku.co.jp
　　　　　出版サイト　https://www.shikaku-books.jp/

執筆　　　加茂紀和子、陳曄（名古屋工業大学）
　　　　　名古屋工業大学・大同大学　学生有志
編集協力　金城夏水（株式会社 総合資格）
デザイン　志田綸（株式会社 総合資格）
印刷・製本　小野高速印刷 株式会社

Printed in Japan
ISBN　978-4-86417-511-1